D0727059

RENDEZ-VOUS À BAGDAD

Parce qu'une intrigue policière est un bon dérivatif et que ses contemporains, pris comme elle dans les remous de la guerre de 1914-1918, ont besoin de se changer les idées, une jeune Anglaise (à demi américaine par son père) s'amuse à écrire un roman policier en dehors de son service d'infirmière volontaire. Elle s'appelle Agatha Miller et vient d'épouser Archibald Christie. Elle est née en 1891 à Torquay, dans le Devon, où elle a reçu à domicile une éducation soignée, et elle écrit depuis longtemps poèmes, contes et nouvelles.

Son premier roman, *La Mystérieuse Affaire de Styles,* ne trouve d'éditeur qu'en 1920. Son septième, *Le Meurtre de Roger Ackroyd,* classe en 1926 Agatha Christie parmi les « grands » du policier et son héros, le détective belge *Hercule Poirot,* parmi les vedettes du genre — où le rejoindra la sagace *Miss Marple.* Le succès est dès lors assuré à tous ses ouvrages qui paraissent au rythme d'un ou deux par an.

Divorcée en 1928, Agatha Christie s'est remariée en 1930 avec l'archéologue Max Mallowan qu'elle accompagne en Syrie et en Irak dans ses campagnes de fouilles, comme elle le dit dans son autobiographie : *Come, tell me how you live* (Dites-moi comment vous vivez, 1946).

Sous le nom de Mary Westmacott, elle a publié deux romans classiques : *Absent in the Spring* (Absent au printemps, 1944) et *The Rose and the Yew Tree* (La Rose et l'If, 1948). Enfin, elle a triomphé au théâtre dans *Witness for the Prosecution* (Témoin à charge, 1953).

Agatha Christie est morte dans sa résidence de Wallingford, près d'Oxford (Angleterre), en janvier 1976. Elle est un des auteurs les plus lus dans le monde.

AGATHA CHRISTIE

Rendez-vous à Bagdad

(THEY CAME TO BAGHDAD)

TRADUCTION DE MICHEL LE HOUBIE

LIBRAIRIE DES CHAMPS-ÉLYSÉES

CHAPITRE PREMIER

1

Le capitaine Crosbie sortit de la banque avec l'air satisfait d'un monsieur qui vient d'encaisser un chèque et qui a découvert du même coup qu'il restait à son compte un peu plus qu'il ne croyait.

Petit et trapu, le capitaine avait le visage assez rouge et une moustache au poil hérissé, d'aspect très militaire. Il marchait avec une certaine assurance. Il s'habillait peut-être de façon un peu voyante, mais il aimait les bonnes histoires et les hommes le trouvaient sympathique. Cordial, pas très distingué, mais aimable. Célibataire, de surcroît. Au total, quelqu'un qui n'avait rien de particulièrement remarquable. Il y a des tas de Crosbie en Orient.

Il était dans Bank Street, une rue ainsi nommée parce que c'était là que se trouvaient la plupart des établissements bancaires de la ville. Dans la banque, on travaillait au frais, dans une lumière douce et dans un silence que ne troublait guère que le cliquetis d'innombrables machines à écrire. La rue, par contre, était inondée de soleil. On avançait dans la poussière et dans le bruit. Il y avait les appels incessants des trompes d'auto, les cris des petits marchands, hommes, femmes et enfants, qui s'injuriaient pour se réconcilier tout aussitôt. Ils proposaient au passant des sucreries, des oranges, des bananes, des serviettes de toilette, des peignes, des lames de rasoir et bien d'autres choses encore. La circulation était intense : des autos, des chevaux, des ânes et des piétons. Un cri revenait à tout instant : « *Balek! Balek!* »

C'était Bagdad à onze heures du matin.

Le capitaine Crosbie s'arrêta pour acheter un journal à un gamin qui portait sous le bras un énorme paquet de feuilles à peine sorties des presses, puis s'engagea dans Rashid Street, la rue principale qui, parallèlement au cours du Tigre, traverse la ville sur une longueur de quatre milles.

Après une nouvelle halte, durant laquelle il parcourut de l'œil les titres de son journal, le capitaine se remit en route, fit quelques centaines de mètres, puis tournant à droite, suivit une petite ruelle menant à une grande khân, une vaste cour, au fond de laquelle il y avait une porte, avec une plaque en cuivre. Il l'ouvrit et se trouva dans un bureau.

Un jeune secrétaire irakien quitta sa machine à écrire et vint vers lui, avec un aimable sourire.

— Bonjour, capitaine. Je puis vous être utile?

— Mr Dakin est chez lui? Parfait!... Je connais le chemin.

Il ouvrit une porte, grimpa un escalier fort raide, suivit un couloir qui aurait eu besoin d'un sérieux nettoyage, et vint frapper à une autre porte. Une voix répondit : « Entrez! »

Dans cette pièce, haute et presque nue, les fenêtres étaient masquées et l'électricité allumée. On y remarquait un long divan très bas, surchargé de coussins, une petite table portant un réchaud à essence et une casserole pleine d'eau. Au fond un grand bureau en désordre.

L'homme assis derrière ce bureau portait des vêtements déformés et semblait très las. Son visage présentait la résignation d'un type qui a raté sa vie.

— Alors? dit Dakin, les bonjours échangés. Vous êtes rentré de Kerbouk?

Crosbie répondit oui d'un signe de tête. Puis il ferma soigneusement la porte. Pas bien jolie à regarder cette porte avec sa peinture écaillée, mais elle avait une qualité qu'on ne lui eût pas soupçonnée : elle fermait aussi bien qu'une porte de coffre-fort.

La porte fermée, un observateur eût remarqué dans l'allure des deux personnages des modifications légères, mais pourtant sensibles. Le capitaine Crosbie paraissait moins arrogant, moins sûr de lui. Mr Dakin, au contraire, avait pris de l'assurance. Des deux hommes, le chef, c'était évidemment lui.

— Du nouveau, monsieur? demanda Crosbie.

— Oui.

Dakin, qui avait devant lui un message en code qu'il était en train de décrypter à l'arrivée de Crosbie, déchiffra les dernières lettres et ajouta :

— Ça se tiendra à Bagdad.

Ce disant, il frottait une allumette, avec laquelle il mit le feu au papier sur lequel il avait noté la traduction du message. La feuille réduite en cendres qu'il écrasa de la main, il reprit :

— Finalement, c'est Bagdad qu'ils ont choisi. Le 20 du mois prochain. Nous devons veiller à ce que le secret soit parfaitement gardé.

— Et, dans les souks, on ne parle que de cela depuis trois jours!

Dakin sourit d'un air désabusé.

— Eh oui! En Orient, les secrets, ça n'existe pas! C'est bien votre avis, Crosbie?

— Oh! certainement, monsieur. J'irai même jusqu'à dire que je me demande si ça existe ailleurs. Pendant la guerre, j'ai eu souvent l'occasion de m'apercevoir qu'un garçon coiffeur de Londres en savait plus long que le Haut Commandement.

— Dans le cas présent, ça n'a pas beaucoup d'importance. Si la conférence a vraiment lieu à Bagdad d'ici peu, la chose ne tardera pas à être rendue publique. C'est à ce moment-là que nous commencerons à nous amuser. Si l'on peut dire!

Crosbie semblait sceptique.

— Mais la conférence se tiendra-t-elle? Croyez-vous sincèrement que l'oncle Joseph a l'intention de venir ici?

L'oncle Joseph, pour Crosbie, c'était le maître d'une grande puissance européenne. Il l'appelait rarement autrement.

— Cette fois, répondit Dakin d'un ton convaincu, je le pense. Et j'ajoute que si les entretiens se passent sans accrochages sérieux, ils pourraient nous épargner... bien des choses. Si l'on pouvait arriver à une sorte d'arrangement...

Dakin laissa sa phrase inachevée.

— Croyez-vous, monsieur... je vous demande pardon de poser la question... coyez-vous vraiment qu'il soit possible de s'entendre?

— S'il s'agissait seulement de mettre une fois encore en présence des hommes représentant des idéologies totalement différentes, je vous répondrais non. La conférence finirait, comme les autres, dans une atmosphère de suspicion accrue et d'incompréhension foncière. Seulement, cette fois, un nouvel élément intervient. Si l'histoire fantastique de Carmichaël est vraie...

Il s'interrompit.

— Mais elle ne peut pas l'être! s'écria Crosbie. Vous l'avez dit vous-même, monsieur, elle est fantastique! Elle l'est *trop!*

Dakin gardait le silence. Des souvenirs lui revenaient : un visage aux traits bouleversés, une voix qui disait des choses incroyables. Et il se rappelait les mots qu'il avait lui-même prononcés : « Ou le meilleur de mes agents, celui sur lequel je puis le plus compter, est devenu fou, ou il dit vrai... et alors... »

— Pour Carmichaël, reprit-il, la question ne se posait plus. Tout semblait confirmer son hypothèse et c'est pour cela qu'il tenait à aller chercher sur place les preuves dont il avait besoin. Ai-je eu ou non raison de le laisser partir? Je l'ignore. S'il ne revient pas, il ne me restera que l'histoire que Carmichaël m'a contée, et il la tenait lui-même de quelqu'un. Est-ce suffisant? J'en doute fort... Elle est tellement fantastique! Mais si le 20, Carmichaël est à Bagdad, s'il est là pour dire ce qu'il a vu et produire ses preuves...

— Ses preuves?

Dakin fit un lent signe de tête.

— Oui, ses preuves. Il les a.

— Comment le savez-vous?

— Le message convenu. Il m'est parvenu par Sallah Hassan. Je cite textuellement : « *Un chameau blanc chargé de ballots d'avoine traverse la Passe.* »

Après un court silence, Dakin reprit :

— Carmichaël a donc ce qu'il était allé chercher là-bas. Mais son départ a donné l'alerte et on est à ses trousses. Quel que soit le chemin qu'il prenne pour rentrer, on le guettera sur la route et, ce qui est plus dangereux encore, on l'attendra ici, s'il le faut. Qu'il franchisse la frontière et un cordon sera tendu autour des ambassades et des consulats. Ecoutez!

Attirant à lui quelques-uns des journaux qui couvraient son bureau, Dakin poursuivit, les yeux sur les feuilles :

— Un Anglais qui se rendait en automobile de Perse en Irak est assassiné par des bandits... Ils ont bon dos, les bandits!... Un marchand kurde qui descendait des montagnes est tué dans une embuscade. Un autre Kurde, Abdul Assan, suspecté de se livrer à la contrebande des cigarettes, est abattu par un gendarme. On retrouve, sur la route de Rowanduz, le cadavre d'un inconnu, identifié par la suite comme étant celui d'un conducteur de camion, un Arménien. Fait à noter, pour tous ces individus, le signalement est le même, à peu de chose près, et il correspond à celui de Carmichaël. *Ils* veulent l'avoir et, dans le doute, ils ne s'abstiennent pas. Dès qu'il sera en Irak, les risques seront pour lui plus considérables encore. Il lui faudrait se méfier de tout le monde : du jardinier de l'ambassade aussi bien que du valet de pied du consulat, comme des employés de l'aérodrome, de la douane, des gares, des hôtels, etc. Un cordon, je vous dis, et serré!

Crosbie n'essayait pas de dissimuler sa surprise.

— Vraiment aussi serré que vous le dites, monsieur?

— Aucun doute là-dessus! répondit Dakin. Même chez nous il y a eu des fuites et c'est ce qui est grave! Comment serais-je sûr que les dispositions que nous avons prises pour assurer le retour de Carmichaël à Badgad ne sont pas déjà connues de l'adversaire? Comment pourrais-je affirmer qu'il n'y a pas, dans notre organisation, des gens qui sont à la solde des *autres?*

— Vous... soupçonnez quelqu'un?

De la tête, Dakin fit non, à la grande satisfaction de Crosbie.

— En attendant, demanda encore Crosbie, nous poursuivons?

— Oui.

— *Quid* de Crofton Lee?

— Il vient à Bagdad.

— Décidément, dit Crosbie avec un sourire, tout le monde vient à Bagdad. Même l'oncle Joseph, si je vous en crois, monsieur! Seulement, que quelque chose arrive au président pendant son séjour...

— Il ne doit rien lui arriver. C'est à nous d'y veiller! Nous ne sommes ici que pour ça!

Crosbie parti, Dakin, resté assis à son bureau murmura :

— Réunion à Bagdad...

Puis, prenant son stylo, il traça sur une feuille de carnet un cercle, au milieu duquel il écrivit le mot « Bagdad ». Après quoi, il dessina un chameau, un avion, un paquebot et une locomotive, tous quatre se dirigeant vers le centre de la circonférence. Il ajouta au tableau, dans un coin, une toile d'araignée, sur laquelle il inscrivit un nom : Anna Scheele. Il mit sous le tout un grand point d'interrogation, puis prenant son chapeau, quitta son bureau.

Dans Rashid Street, deux passants qu'il croisa se retournèrent sur lui.

— Qui est ce monsieur? demanda le premier.

— Lui? dit l'autre. C'est Dakin. Il travaille dans une compagnie pétrolière. Un brave type, mais un paresseux. Je ne sais s'il boit, comme on le prétend, mais je suis sûr qu'il n'arrivera jamais à rien. Pour faire son chemin ici bas, il faut se secouer!

2

— Vous avez le rapport concernant la propriété Krugenhorf, mademoiselle Scheele?

— Oui, monsieur Morganthal.

Miss Scheele apporta le dossier à son patron.

— Satisfaisant, j'imagine?

— Je le crois, monsieur Morganthal.

— Schwartz est ici?

— Il attend dans l'antichambre.

— Dites qu'on le fasse entrer!

Miss Scheele appuya du doigt sur un bouton d'appel.

— Vous aurez besoin de moi, monsieur Morganthal?

— Non, mademoiselle Scheele, je ne pense pas.

Anna Scheele quitta la pièce, sans faire le moindre bruit.

C'était une blonde platinée, mais pas du genre séduisant. Des cheveux de lin, mais tirés en arrière et noués en chignon sur la nuque, de beaux yeux bleu pâle, malheureusement cachés derrière des verres d'une épaisseur énorme, un visage aux traits fins, mais dépourvus d'expression. Si elle s'était fait une situation, elle ne le devait pas à son charme, mais à ses qualités professionnelles, et particulièrement à son extraordinaire mémoire. Elle n'oubliait rien et, pour rappeler un nom, une date, une heure, elle ne se reportait jamais à ses fiches. Elle était de surcroît infatigable, active, énergique même, obéissante et discrète.

Otto Morganthal, directeur général de la banque Morganthal, Brown et Shipperke, se rendait parfaitement compte que les services d'Anna Scheele étaient de ceux qu'il est difficile de rétribuer justement. Il accordait à sa secrétaire une confiance totale. Il la payait largement et lui aurait sans hésitation consenti une augmentation de salaire si elle l'avait demandée.

Elle était au courant non pas seulement de la marche de ses affaires, mais aussi de tout ce qui concernait sa vie privée. Il l'avait consultée à propos de la deuxième Mrs Morghanthal. Elle lui conseilla le divorce, non sans préciser ce que devait être, à son avis, le montant de la pension alimentaire à reconnaître à l'épouse répudiée. Elle ne montra, en cette occasion, ni sympathie, ni curiosité. Il ne s'en était pas étonné. Pour lui, Anna était une créature à part, étrangère aux sentiments qui animent les humains, une fille exceptionnelle, « tout cerveau », et qui ne songeait qu'aux intérêts de la firme, et plus spécialement à ceux de Mr Otto Morganthal.

Aussi fut-il très surpris quand, au moment où il se disposait à quitter son bureau, il entendit Anna lui demander trois semaines de congé, à compter du mardi suivant. Il lui fit observer avec embarras qu'il serait sans doute très difficile de lui donner satisfaction.

— Je ne pense pas, répliqua-t-elle, Miss Wygate me remplacera. Je lui laisserai mes notes et toutes les instructions nécessaires.

— Vous êtes souffrante, mademoiselle Scheele?

Il posait la question, encore qu'elle lui parût ridicule. Miss Scheele ne pouvait pas tomber malade. Les microbes eux-mêmes la respectaient.

— Non, monsieur Morganthal. Je désire simplement aller à Londres, pour y voir ma sœur.

— Votre sœur? Vous avez donc une sœur?

Otto Morganthal allait d'étonnement en étonnement. Cette sœur de Miss Scheele, jamais il n'avait entendu parler d'elle. Même pas l'automne précédent, quand il s'était rendu à Londres, accompagné de Miss Scheele!

Miss Scheele, cependant, souriait.

— Mais oui, monsieur Morganthal. Elle est mariée à un Anglais, qui travaille avec le British Museum. Elle va subir une opération extrêmement grave et j'aimerais être près d'elle...

Otto Morganthal comprit que Miss Scheele, résolue à partir, ne reviendrait pas sur sa décision.

— En ce cas, dit-il, je ne puis vraiment pas vous retenir. Revenez vite, c'est tout ce que je vous demande! Le marché est nerveux comme il ne l'a jamais été. Par la faute, évidemment, de ces maudits communistes. La guerre peut éclater d'un moment à l'autre... et il y a des jours où je ne suis pas loin de croire que c'est la seule solution! Le pays est à bout de nerfs... Et on nous annonce maintenant que le président va se rendre à Bagdad, pour participer à cette conférence qui ne saurait mener nulle part! Bagdad! Je vous demande un peu! Aller à Bagdad! Il voudrait périr victime d'un attentat qu'il n'agirait pas autrement.

Miss Scheele protesta.

— Le président aura des gardes du corps...

— Avec ça qu'*ils* n'ont pas eu le shah de Perse, l'an dernier! Et Bernadotte, en Palestine?... Aller à Bagdad, c'est de la folie! De la pure folie.

Mr Otto Morganthal poussa un profond soupir et, d'un ton résigné, ajouta :

— Il est vrai que nous vivons dans un monde en folie. Alors...

CHAPITRE II

Assise sur un banc des Fitz-James Gardens, Victoria Jones suivait rêveusement le cours de ses pensées lesquelles ne laissaient pas que d'être assez mélancoliques. Elle réfléchissait plus particulièrement sur les inconvénients qu'il peut y avoir à manifester ses talents quand le moment est mal choisi.

Victoria, comme la plupart d'entre nous, avait des qualités et des défauts. On pouvait porter à son crédit qu'elle avait bon cœur et que le travail ne lui faisait pas peur. Qu'elle eût l'esprit aventureux, c'était peut-être une qualité et peut-être un défaut, l'époque étant plutôt de celles qui préfèrent le sûr à l'incertain. Mais son principal défaut, c'était une tendance très nette au mensonge, qu'il fût indiqué ou non. Chez elle, l'imagination l'emportait toujours sur la réalité des faits. Elle mentait facilement, avec aisance et presque par satisfaction artistique. S'il lui arrivait d'être en retard à un rendez-vous, elle ne se contentait pas de prétendre que sa montre s'était arrêtée ou qu'elle avait attendu l'autobus pendant un temps interminable. Il lui paraissait indispensable d'inventer l'histoire d'un éléphant échappé d'un cirque, qui avait obstrué la circulation pendant trois quarts d'heure, ou bien d'une attaque à main armée, qui s'était déroulée sous ses yeux et terminée par l'arrestation des bandits, un peu grâce à la collaboration qu'elle avait personnellement apportée aux agents de police.

Grande et mince, très bien faite, avec des jambes magnifiques, Victoria n'était pas précisément jolie. Mais ses traits avaient quelque chose de piquant et son visage, d'une mobilité extraordinaire, faisait d'elle une imitatrice de premier ordre.

D'ailleurs ces dons de parodiste se trouvaient à l'origine de ses ennuis présents. Sténo-dactylo de Mr Greenholz, de la firme Greenholz, Simmons et Lederbetter, dans Graysholme Street, Victoria, pour égayer un peu une morne matinée, n'avait rien trouvé de mieux que d'imiter, pour la plus grande joie de ses collègues et du garçon de courses, Mrs Greenholz rendant visite à son époux. Persuadée que Mr Greenholz était chez des *solicitors*, elle avait donné de la dame une parfaite caricature, imitant tout ensemble le ton pointu de la voix et le terrible accent d'Europe centrale dont Mrs Greenholz n'avait jamais pu se débarrasser.

— Tu me refuserais ce canapé? Mais Mrs Dievtakis en a un tout pareil! Ne me dis pas que tu n'as pas d'argent! Tu en trouves bien pour sortir avec cette grande fille blonde que tu mènes au restaurant et au théâtre... Tu croyais que je ne le savais pas?... Je te passe la fille, mais je veux le canapé... Un dîner d'affaires?... Allons donc! Tu me prends pour une sotte! Tu rentres avec du rouge à lèvres sur ton plastron... Pour le canapé, donc, c'est entendu... Et je vais me commander cette cape de vison dont je t'ai parlé... Ce n'est pas du vrai vison, je l'aurai à très bon compte et c'est une excellente affaire...

Victoria en était là quand elle s'était aperçue que son auditoire ne l'écoutait plus et qu'il s'était remis au travail avec une sorte de fièvre. Inquiète, elle s'était retournée : Mr Greenholz était là qui l'observait. Elle avait dit : « Ah! », bêtement,

Mr Greenhloz était passé dans son bureau, sans un mot, et presque tout de suite faisait comparaître Victoria devant lui. Elle était arrivée, avec son bloc et son crayon, et, d'un air innocent, avait posé la question rituelle :

— Vous m'avez demandée, monsieur Greenholz?

Mr Greenholz avait posé devant lui trois billets d'une livre.

— Vous voilà? avait-il dit. Je crois, ma belle enfant, que je vous ai assez vue et je pense que vous ne verrez aucun inconvénient à ce que je vous paie une semaine de salaire, en vous priant de débarrasser le plancher sans plus attendre.

Victoria avait ouvert la bouche dans l'intention de servir à son employeur un roman qui eût excusé sa conduite, mais le regard de Mr Greenholz lui fit comprendre que ce serait là une vaine dépense d'imagination et de salive. Changeant d'idée, elle répondit en souriant qu'elle était absolument d'accord et que Mr Greenholz avait tout à fait raison.

Un peu surpris, car rarement un de ses employés accueillit l'annonce de son renvoi avec tant de belle humeur, Mr Greenholz avait masqué sa petite déconvenue en fouillant dans ses poches pour en extraire toute la monnaie qu'elles contenaient.

— Il me manque neuf *pence*, dit-il.

— Ça ne fait rien! avait-elle gentiment répondu. Je vous en fais cadeau. Vous vous achèterez des bonbons!

— Je pourrais vous les faire parvenir.

— Ne vous tracassez donc pas! Ce qui m'intéresserait c'est un certificat.

Mr Greenholz avait froncé le sourcil.

— Un certificat?

— Ça se fait!

Mr Greenholz avait, en bougonnant, tracé quelques lignes sur une feuille de papier à en-tête de la maison :

Je certifie avoir employé pendant deux mois Miss Jones en qualité de sténo-dactylo. Sa sténographie est inexistante et elle ignore l'orthographe. Elle nous quitte parce qu'il nous est impossible de conserver dans nos bureaux quelqu'un qui ne fait rien pendant les heures de travail.

Après lecture, Victoria avait fait la grimace.
— Comme recommandation, j'ai vu mieux!
— Ça ne prétend pas être une recommandation!
— Vous auriez au moins pu dire que je ne bois pas et que je suis honnête. C'est vrai, vous savez!... Et vous auriez peut-être pu ajouter que je suis discrète.
— Discrète?
Soutenant le regard de Mr Greenholz, elle avait répété, de sa voix la plus douce :
— Discrète, oui.
Mr Greenholz se souvenant alors de diverses lettres dictées par lui à Victoria, comprit que la sagesse lui commandait la prudence. Il reprit le certificat, le déchira et en composa un autre.
Je certifie que Miss Jones a travaillé avec moi comme sténodactylographe pendant deux mois. Des compressions de personnel nous obligent à nous séparer d'elle.
— Qu'est-ce que vous dites de celui-là?
Victoria avait haussé les épaules.
— Il n'est pas encore bien fameux, mais je m'en contenterai!

Méditant sur la situation, Victoria ne se dissimulait pas qu'elle était fâcheuse, mais elle se refusait à la considérer comme catastrophique. Elle était libérée de Greenholz, Simmons et Lederbetter, c'était déjà quelque chose. Et rien ne prouvait que le nouvel emploi qu'elle trouverait avant peu ne lui apporterait pas d'heureuses surprises. Sait-on jamais ce qu'il peut arriver?

Tout en réfléchissant, elle grignota les deux sandwiches qui représentaient son déjeuner et elle était en train de distribuer à trois moineaux les dernières miettes de son pain quand elle s'avisa qu'un jeune homme occupait l'autre extrémité du banc. Elle l'examina du coin de l'œil et le jugea sympathique. Il était blond, avec des yeux bleus, très beaux, et un menton volontaire.

Victoria ne répugnait pas à engager la conversation avec les jeunes gens qu'elle rencontrait dans les lieux publics. Elle se savait capable de les remettre à leur place quand le besoin s'en faisait sentir. Il lui suffit d'un sourire pour décider le beau jeune homme à lui adresser la parole.

— Bonjour, mademoiselle!... Il fait bon, hein?... Vous venez souvent ici?

— Presque tous les jours.

— Et dire que c'est la première fois que j'y viens! Je n'ai pas de veine, vraiment. C'était votre déjeuner que vous preniez là?

— Exactement.

— Eh bien! laissez-moi vous dire que vous ne mangez pas suffisamment. A ce régime-là, moi, je mourrais de faim!... Si nous allions grignoter quelque chose dans Tottenham Court Road? Je connais un petit restaurant...

— Non, merci. Ça va très bien comme ça! Je n'ai plus faim.

Elle s'attendait à ce qu'il dît : « Ce sera pour un autre jour! », mais il n'en fit rien.

— Moi, reprit-il, je m'appelle Edward. Et vous?

— Victoria.

— Comme la gare?

— Comme la reine!

— Si vous voulez!... Et votre nom de famille?

— Jones.

— Donc, Victoria Jones...

Il répéta le nom deux fois, puis fit la moue.

— Ça ne va pas bien ensemble...

— C'est bien mon avis! déclara Victoria avec chaleur. Jenny irait beaucoup mieux. Jenny Jones ce serait très bien! Avec Victoria, il faut un nom de famille un peu compliqué. Victoria Sackville-West, c'est parfait! Avec ça, on se gargarise. Victoria Jones, c'est pas ça!

— Vous pourriez essayer un autre prénom...

— Bedford Jones...

— Carisbrooke Jones...

— Saint-Clair Jones...

— Lonsdale Jones...

Le jeu pouvait se prolonger longtemps, mais, ayant consulté sa montre, le jeune homme sacra horriblement avant de dire :

— Il faut que j'aille retrouver mon bien-aimé patron... Pas vous?

— Je suis chômeuse. J'ai été fichue à la porte ce matin.

— Oh! je suis navré.

Il avait dit cela avec l'accent de la sincérité.

— Vous auriez bien tort! répondit-elle. Moi, j'ai très bien pris ça. *Primo*, parce que je me recaserai vite et, *secundo*, parce que j'ai tout de même bien ri!

Elle lui expliqua pourquoi, ce qui l'amena à reprendre, pour le seul bénéfice de son interlocuteur, son imitation de Mrs Greenholz. Edward rit beaucoup et, quand elle eut terminé, déclara avec conviction qu'il était vraiment dommage qu'elle ne fît pas de théâtre. Elle accepta le compliment avec un sourire reconnaissant, puis fit remarquer à son nouvel ami que l'heure tournait et qu'il risquait fort, s'il s'attardait encore, de se trouver lui aussi « sur le sable » avant qu'il ne fût longtemps.

— Très juste! dit-il. Et j'aurais plus de mal que vous à dégoter quelque chose!...

Avec une pointe d'envie, il ajouta :

— Ce doit être épatant d'être une bonne sténo-dactylo!

— A vrai dire, je ne suis pas une bonne sténo-dactylo. Heureusement, aujourd'hui les plus mauvaises se casent facilement. Elles sont peut-être moins bien payées que les autres, mais elles s'en tirent et c'est le principal! Et vous, qu'est-ce que vous faites? Je parie que vous avez fait la guerre et que vous étiez dans la R. A. F.!

— Vous avez gagné!

— Pilote de chasse?

— Exactement. A ma démobilisation, on m'a procuré un emploi... Seulement, on ne s'est pas trop demandé s'il était fait pour moi! Dans la R. A. F., il n'y avait pas tellement besoin d'être intelligent... Tandis que là... Des dossiers, des chiffres... Bref, ça n'a collé qu'à moitié et, total et conclusion, j'ai découvert qu'en fin de compte je n'étais bon à rien.

Victoria ouvrit la bouche pour protester. Il poursuivit :

— Je ne suis plus dans le coup, quoi! Pendant la guerre, ça allait! J'avais un truc qui me convenait et je me défendais pas trop mal... On m'a même donné la D. F. C. (1)... Mais, maintenant, c'est fichu! Je suis comme qui dirait lessivé.

— Il devrait pourtant y avoir un moyen...

Victoria laissa sa phrase en suspens. Elle ne trouvait pas les mots qui auraient traduit sa pensée, pourtant très nette. Il lui semblait inconcevable qu'on ne pût, dans le monde d'après-guerre, utiliser des qualités qui avaient valu à celui qui les possédait une décoration aussi enviée que la D. F. C.

— Quand j'ai compris que j'étais une sorte d'incapable, reprit Edward, ça m'a aplati... Mais que voulez-vous?...

(1) La *Distinguished Flying Cross*, une décoration réservée aux aviateurs.

Là-dessus, il faut que je me sauve... Est-ce que je vous paraîtrais... bien audacieux... si...

C'était lui, maintenant, qui ne pouvait venir au bout de sa phrase. Rougissant et bégayant, il ouvrait un appareil photographique que Victoria n'avait pas remarqué jusqu'alors et qu'elle considérait avec une évidente surprise.

— J'aimerais prendre un instantané de vous, dit-il enfin. Vous comprenez, je pars demain pour Bagdad et...

— Pour Bagdad? répéta Victoria, stupéfaite, mais encore plus désappointée.

— Oui. Depuis un instant, je le regrette... Mais, ce matin, j'étais ravi de quitter l'Angleterre et c'est même pour ça que j'ai accepté ce qu'on m'offrait.

— Et qu'est-ce qu'on vous offrait?

— Une situation, qui ne m'emballe pas, mais je n'avais pas le choix... Mon patron, c'est un certain docteur Rathbone, qui possède une ribambelle de titres universitaires et autres, un savant qui vous regarde à travers ses lorgnons et qui n'a qu'une ambition : répandre dans le monde la culture intellectuelle. Il crée des librairies dans des coins perdus... et il a l'intention d'en ouvrir une à Bagdad. Il fait traduire Shakespeare et Milton en arabe, en turc, en persan, en arménien... et il diffuse ça... Une drôle d'idée, car c'est exactement ce que fait de son côté le British Council... Mais j'aurais mauvaise grâce à m'en plaindre, puisqu'en fin de compte ça me procure un boulot.

— Mais lequel, exactement?

— Mon Dieu, ça tient du « yes-man », du confident et du valet de chambre. Je m'occupe des billets et des passeports, je vérifie les bagages pour être bien sûr qu'il n'en manque pas un à l'appel, je cours de droite à gauche, et, quand j'ai fini, je recommence. J'imagine que, là-bas, ce sera à peu près la même chose. Comme vous voyez, c'est plutôt moche!

Victoria ne se sentait vraiment pas le cœur de prétendre le contraire.

— Alors, reprit-il, revenant à son idée, nous ferions deux poses... Une de profil et une de face...

Victoria ne demandait qu'à lui faire plaisir. Elle se montra le plus complaisant — et le plus gracieux — des modèles.

— Parfait! dit-il, les clichés pris.

Rangeant son appareil, il ajouta :

— C'est vraiment idiot d'être obligé de partir, maintenant que je vous connais! Pour un peu, je resterais. Seulement, laisser tout tomber à la dernière minute, c'est difficile! Ça la ficherait plutôt mal! Vous ne croyez pas?

— Si. D'ailleurs, votre voyage tournera peut-être beaucoup mieux que vous ne pensez!

Il hocha la tête.

— J'en doute. C'est bizarre, j'ai l'impression qu'il y a là-dedans quelque chose de pas catholique!

— Ah?

— Ne me demandez pas pourquoi je me fais cette idée-là, je n'en sais rien! Mais je serais bien surpris si je me trompais.

— C'est votre... Rathbone qui vous paraît suspect?

— Il ne peut guère l'être! C'est un personnage très respectable, membre de je ne sais combien de sociétés savantes, un type très bien, quoi!... Bah!... on verra!... Sur ce, je m'en vais! Dommage que vous ne veniez pas avec moi!

— Je voudrais bien!

— Qu'est-ce que vous allez faire?

— Chercher du travail, tiens! Je vais d'abord aller voir a la Saint Guildric Agency, dans Gower Street.

— Eh bien! au revoir, Victoria!

— Au revoir, Edward, et bonne chance!

— J'imagine que vous ne penserez plus jamais à moi...

— Dans ce cas, vous vous trompez!

— Vous ressemblez si peu aux autres jeunes filles que j'ai connues. Je voudrais pouvoir...

Une horloge sonna la demie. Il s'écria :

— Zut! Il faut vraiment que je file!

Victoria le regarda s'éloigner. Après quoi, elle se rassit, réfléchissant. Elle pensait à Roméo et Juliette. Les deux illustres amants s'exprimaient dans une langue plus choisie que celle dont usaient Edward et Victoria, mais ils formaient, eux aussi, une couple malheureux. Une chanson enfantine que lui chantait sa vieille nourrice lui revint en mémoire :

Jumbo dit à Alice: « Je vous aime! »
Alice dit à Jumbo: « Je ne vous crois pas!
Si vous m'aimiez comme vous le dites,
Vous ne partiriez pas pour l'Amérique en me laissant au Zoo. »

La situation, là encore, était la même. Il suffisait de remplacer l'Amérique par Bagdad.

Victoria se leva. Sortant des jardins, elle se dirigea vers Gower Street. Elle venait de prendre deux résolutions.

La première, c'était qu'elle épouserait ce jeune homme, puisqu'elle l'aimait comme Juliette aimait Roméo. Et la seconde, qu'il lui fallait se rendre à Bagdad, puisque bientôt Edward serait à Bagdad.

Comment gagner Bagdad? Voilà le problème à résoudre. Il ne l'effrayait pas. Optimiste et tenace, elle se sentait sûre de rallier Bagdad.

— D'ailleurs, murmura-t-elle, *il faut* que j'y aille!

CHAPITRE III

1

Le Savoy Hotel avait reçu Miss Anna Scheele avec l'empressement qu'il convient de témoigner à une cliente de longue date. On s'était enquis de la santé de Mr Morganthal et on n'avait pas manqué de préciser à Miss Scheele que si son appartement ne lui plaisait pas, il lui suffirait de le dire pour qu'on lui en procurât un autre. Miss Scheele ne représentait-elle pas des *dollars?*

Miss Scheele prit un bain, s'habilla, appela au téléphone un numéro de Kensington, puis, quittant l'hôtel, descendit dans la rue. Elle appela un taxi, qui l'emporta vers Bond Street. Elle se rendait chez Cartier.

Lorsqu'elle monta en voiture, un passant, qui depuis un temps interminable s'absorbait dans la contemplation d'une devanture, jeta un coup d'œil sur sa montre et fit signe à un conducteur de taxi, resté curieusement sourd, peu auparavant, aux appels d'une dame chargée de paquets. Le second taxi se mit à suivre le premier. Tandis que les deux voitures se trouvaient immobilisées par un feu rouge à l'entrée de Trafalgar Square, l'occupant de la seconde regarda par la vitre de la portière de gauche et fit un petit geste de la main. Une auto particulière, en station dans une rue transversale, devait peu après démarrer derrière le second taxi.

Le taxi de Miss Scheele partit sur la gauche, dans Pall Mall, cependant que l'autre taxi, tournant autour de Trafalgar Square, s'en allait vers la droite. L'auto particulière, par contre, une Standard grise, suivit le taxi de Miss Scheele. Elle était occupée par deux personnes : un jeune homme blond, qui conduisait avec nonchalance, et, assise à côté de lui, une jeune femme fort élégante. Dans Bond Street, la Standard marqua un bref temps d'arrêt pour permettre à sa passagère de descendre. La jeune femme remercia le conducteur, d'une phrase banale, puis s'éloigna sur le trottoir, marchant dans la même direction que les deux voitures, qu'elle passa bientôt, à la faveur d'un encombrement prolongé.

Elle était déjà chez Cartier depuis une minute ou deux quand le taxi d'Anna Scheele s'immobilisa devant le magasin. Anna régla son chauffeur et entra à son tour chez le célèbre bijoutier. Son choix lui prit du temps. Finalement, elle se décida pour un magnifique saphir et pour un très beau diamant, qu'elle paya avec un chèque, tiré sur une banque de Londres. La signature provoqua chez le vendeur une réaction immédiate.

— Nous sommes ravis de vous revoir, mademoiselle Scheele. Mr Morganthal est à Londres?

— Non.

— Je me permettais de vous poser la question parce que nous avons en ce moment quelques saphirs d'une beauté exceptionnelle, qui l'auraient certainement intéressé. Vous ferait-il plaisir de les voir?

— Certainement.

Miss Scheele admira les saphirs, promit de parler d'eux à Mr Morganthal et s'en fut. La jeune femme, qui s'était fait présenter des boucles d'oreilles, dit vivement à sa vendeuse qu'elle « réfléchirait » et quitta, elle aussi, le magasin. Elle ne parut pas s'apercevoir que la Standard, qui était allée prendre son virage à Piccadilly, se trouvait devant la porte. Elle suivait Anna Scheele, derrière laquelle elle entra chez une fleuriste. Anna commanda trois douzaines de roses rouges, un bouquet de violettes de Parme et quelques branches de lilas et de mimosa, demandant que le tout fût porté à une adresse qu'elle donna.

— Ça fera douze livres, dix-huit shillings, madame.

Anna Scheele paya et sortit, toujours suivie de la jeune femme, qui s'était contentée de demander le prix d'un bouquet de primevères. La promenade d'Anna la conduisit dans Saville Row, chez un des quelques grands tailleurs qui, bien que ne travaillant que pour les messieurs, daignent quelquefois, et par rare exception, mettre leur talent au service des dames.

Mr Bolford témoigna à Miss Scheele toute la considération due à une « vieille » cliente qui payait en dollars.

— Par bonheur, dit-il, j'ai exactement ce qu'il vous faut! Quand rentrez-vous à New York, mademoiselle?

— Le 23.

— Nous aurons tout le temps. Vous prenez l'avion?

— Bien sûr!

— Naturellement. Et comment vont les affaires, de l'autre côté de l'eau? Ici, la situation est simplement... navrante.

Avec les hochements de tête d'un médecin qui parle d'un malade qu'il désespère de sauver, il poursuivit :

— Les gens travaillent sans goût et on ne trouve plus d'apprentis. Votre tailleur, savez-vous qui le coupera, mademoiselle Scheele? Mr Lantwick... Il a soixante-douze ans et, quand je veux du travail bien fait, c'est à lui seul que je peux le demander! Les autres...

Mr Bolford remplaça le reste par un soupir.

— Quand voulez-vous venir pour le premier essayage, mademoiselle Scheele? Voulez-vous dans huit jours, à onze heures et demie?... Alors, entendu, mademoiselle Scheele!

Un taxi ramena Anna Scheele au Savoy Le petit homme brun qui avait pris Miss Scheele en filature quand elle avait quitté l'hôtel se trouvait là de nouveau. Sa voiture suivit celle de Miss Scheele pendant un certain temps, mais l'abandonna pour se diriger vers l'entrée de service du Savoy. Sur le trottoir, une dame assez replète, qui ressemblait à une femme de ménage habillée « pour sortir », attendait.

— Alors, Hortensia, tu as visité l'appartement?

— Oui. Rien à signaler.

Anna Scheele déjeuna au restaurant, puis monta chez elle. On avait fait la chambre en son absence et tout était net. Elle alla aux deux valises extra-légères qui constituaient tout son bagage. Elle examina rapidement la première, qu'elle avait laissée ouverte, puis passa à la seconde, qui, celle-là, était fermée. Elle l'ouvrit. A l'intérieur, tout était en ordre et il ne semblait pas que rien eût été touché. Au-dessus du linge, soigneusement plié, Anna Scheele avait posé un portefeuille en cuir et un Leica, avec deux rouleaux de pellicule, tels que sortis de chez le fabricant. Délicatement, Anna souleva la partie supérieure du portefeuille. Elle sourit : on n'avait pas aperçu le cheveu blond, presque invisible, qu'elle avait placé sur le buvard, peu avant de sortir. Elle répandit un peu de poudre sur la surface de cuir du portefeuille, puis elle souffla : la poudre s'envola. Aucune empreinte digitale n'apparut. Le portefeuille restait clair et luisant. Or, le matin, après s'être coiffée, les doigts légèrement gras encore de la brillantine dont elle usait pour ses boucles, Anna avait manipulé l'objet. Elle aurait dû y relever des empreintes, quand ce n'eût été que les siennes.

De nouveau, elle sourit.

— Du beau travail, murmura-t-elle, mais pas tout à fait suffisant.

Rapidement, elle mit quelques affaires dans un petit sac,

puis elle descendit. Peu après, le taxi qu'on lui avait appelé l'emportait vers Elmsleigh Gardens, pour s'arrêter devant le 17. Anna paya le chauffeur, gravit le perron de la maison et sonna. Une dame d'un certain âge vint à la porte. Elle considéra la visiteuse d'un regard soupçonneux, qui s'illumina quand elle l'eut reconnue.

— Mon Dieu! Miss Elsie va être si heureuse de vous voir! Si son moral n'a pas fléchi, c'est uniquement parce qu'elle savait que vous alliez venir!... Suivez-moi!

Anna s'engagea dans un long couloir sombre, aboutissant à un salon sans élégance, mais confortable. Il y avait là, assise dans un vaste fauteuil, une femme qui sursauta à l'arrivée de la jeune fille.

— Anna!

— Elsie!

Les deux femmes s'embrassèrent.

— Tout est arrangé maintenant, dit Elsie. J'entre ce soir. J'espère fermement...

Anna l'interrompit :

— Rassure-toi, Elsie! Je suis sûre que tout se passera bien.

2

Le petit homme à l'imperméable entra dans une cabine téléphonique publique et composa sur le cadran un numéro d'appel.

— La Valhalla Gramophone Company?

— Oui.

— Ici, Sanders.

— Sanders du Fleuve? De quel fleuve?

— Sanders du Tigre. Rapport sur A. S. Arrivée de New York ce matin. S'est rendue chez Cartier, où elle a acheté un saphir et une bague en diamants, total cent vingt livres. Allée de là chez Jane Kent, fleuriste, où elle a acheté pour douze livres dix-huit shillings de fleurs, à porter à une clinique de Portland Place. A ensuite passé commande d'un tailleur à Bolford. Aucune de ces maisons n'est signalée comme suspecte, mais elles feront à l'avenir l'objet de la surveillance qui s'impose. On a visité la chambre occupée par A. S. au Savoy. Rien d'anormal. Dans un portefeuille, placé dans une valise, des papiers concernant l'affaire Paper Merger-Wolfenstein. Rien de particulier. Également, un appareil photo et deux rouleaux de pellicule, apparemment vierges. Cependant, les films pouvant être des documents photostatiques, nous les avons remplacés par d'autres identiques. Les films saisis, examinés, sont bien des films photographiques vierges. A. S a pris un petit sac et s'est rendue chez sa sœur. 17, Elmsleigh Gardens. Sa sœur entre ce soir en clinique, dans Portland Place, pour y subir une opération. Confirmé par la clinique et par les livres du chirurgien. Rien de suspect dans le comportement d'A. S., laquelle ne paraît pas se douter qu'elle est suivie et qui, si elle s'en doute, n'en semble nullement impressionnée. Il est probable qu'elle passera la nuit à la clinique. Elle a conservé sa chambre au Savoy. Retour à New York par avion le 23, place retenue pour cette date.

L'homme qui s'était annoncé comme étant Sanders du Fleuve marqua une pause, puis, sur un ton qui n'avait plus rien d'officiel, ajouta :

— Et si vous voulez mon avis, nous perdons notre temps sur une fausse piste! Elle fiche l'argent par les fenêtres, un point, c'est tout! Douze livres dix-huit shillings de fleurs, je vous demande un peu!

CHAPITRE IV

1

Victoria — et c'est tout à son honneur — n'envisagea pas une seconde la possibilité d'un échec. Elle arriverait à ses fins, elle n'en doutait pas. Bien sûr, apprendre que le jeune homme dont on vient tout juste de tomber amoureuse va s'en aller à quelque trois milliers de milles de Londres, alors qu'il aurait très bien pu rester en Angleterre ou ne pas dépasser Bruxelles, c'était jouer de malchance. Mais ça ne changerait rien! Que ce fût difficile ou non, elle irait à Bagdad, d'une façon ou d'une autre! Mais comment?

Elle y songeait, tout en suivant, sans se presser, le trottoir de Tottenham Court Road. Bagdad? Qu'est-ce qu'elle irait bien faire à Bagdad? Edward avait parlé de « relations culturelles ». La culture c'était l'affaire de l'Unesco, qui ne cessait d'envoyer aux quatre coins du monde des gens qui, généralement, ne se plaignaient pas de leur situation. Seulement, à l'Unesco, les places étaient réservées à des jeunes filles titulaires de titres universitaires et qui étaient déjà « dans le bain ». Il fallait trouver autre chose.

Jugeant qu'il fallait procéder par ordre, Victoria alla d'abord prendre des renseignements dans une agence de voyage. On pouvait se rendre à Bagdad sans difficulté aucune. On avait le choix : on pouvait y aller en avion, ou bien par mer, avec arrivée à Bassorah, ou prendre le train jusqu'à Marseille, le paquebot jusqu'à Beyrouth et finir le trajet en car. On pouvait aussi passer par l'Égypte. Le plus pratique, c'était l'avion, qui simplifiait la question des visas, parfois difficiles à obtenir. Bagdad étant dans la zone « sterling », le problème monétaire ne se posait pas. Façon de parler, évidemment, car, qu'on choisît une route ou une autre, le voyage coûtait entre soixante ou cent livres, *cash*. Ce qui compliquait sérieusement les choses pour Victoria, dont l'avoir ne dépassait pas trois livres dix (moins neuf *pence*), douze shillings qui lui restaient quand elle avait reçu son compte, et cinq livres, déposées à la Caisse d'Épargne.

Elle demanda à tout hasard si l'on avait besoin d'hôtesses de l'air. Elle n'insista pas quand elle sut que les postulantes se comptaient par centaines et devaient attendre des mois avant de pouvoir seulement exposer leurs titres.

Victoria se rendit donc à son agence de placement ordinaire, où Miss Spenser la gratifia du sourire ambigu qu'elle réservait aux clientes qu'elle revoyait souvent.

— Encore vous, mademoiselle Jones! J'espérais pourtant que, cette fois, la place...

— Elle était absolument impossible, répliqua Victoria d'un ton net. Vous ne pouvez pas savoir ce que j'ai dû endurer!

— Non?... Enfin passons!

— C'est ça! Passons... Qu'est-ce que vous auriez à me proposer?

Miss Spenser consulta ses livres.

— Ce qu'il me faudrait, reprit Victoria, c'est quelque chose à Bagdad.

— A Bagdad?

Miss Spenser semblait ahurie.

— Oui, expliqua Victoria, j'aimerais aller à Bagdad.

— Comme... secrétaire?

— Si ça se trouve!... Mais j'irais aussi bien comme infirmière, comme cuisinière ou comme bonne d'enfant. Ça m'est égal, du moment que c'est à Bagdad.

Miss Spenser hocha la tête.

— J'ai bien peur de ne pas pouvoir vous donner beaucoup d'espoir. Hier, j'avais une dame qui cherchait quelqu'un pour conduire ses deux petites filles en Australie...

— Ça ne m'aurait pas intéressée. Ce que je veux, c'est Bagdad. Si vous entendez parler de quelque chose... Je ne suis pas exigeante : le voyage, c'est tout ce que je demande...

Allant au-devant des explications que réclamait le regard de Miss Spenser, Victoria ajouta :

— Oui... Là-bas, j'ai... des amis, qui me procureront une situation, très bien payée. Seulement, il faut que j'y aille!

— Oui, évidemment...

En sortant du bureau de placement, Victoria acheta un journal du soir, sur lequel elle jeta un coup d'œil. On n'y parlait que de Bagdad! Le docteur Pauncefoot Jones, le célèbre archéologue, venait d'entreprendre des fouilles sur l'emplacement de l'ancienne cité de Murik, à cent vingt milles de Bagdad. Un placard publicitaire rappelait qu'on peut gagner Bagdad par mer jusqu'à Bassorah, pour prendre là le train à destination de Bagdad, Mossoul, etc. Un cinéma donnait le film *Le Voleur de Bagdad* et, dans la rubrique des livres, un critique rendait compte d'une *Vie d'Haroun-al Racshid, Calife de Bagdad*, qui venait de paraître. Victoria eut l'impression que le monde entier se préoccupait de cette ville de Bagdad, qui n'avait commencé à l'intéresser, elle, que ce jour-là, vers deux heures moins le quart.

Elle se rendait compte qu'il ne lui serait pas commode de gagner Bagdad, mais son optimisme ne l'abandonnait pas et, le soir, avant de se coucher, elle dressa une liste d'idées à examiner, qui se présentait comme suit :

Faire paraître une petite annonce.
Voir au Foreign Office.
Voir à la légation d'Irak.
Voir les importateurs de dattes.
Voir les compagnies de navigation.
Se renseigner au bureau d'informations de Selfridge.

Tout cela, elle était obligée d'en convenir, n'apparaissait pas très prometteur. Et la dernière ligne posait, elle, un problème terriblement difficile à résoudre :

Comment se procurer cent livres sterling?

2

Victoria se réveilla à dix heures cinq. Elle s'habilla sans perdre de temps et elle achevait de promener le peigne dans sa lourde chevelure brune quand le téléphone sonna. Elle prit l'appareil.

Miss Spenser était à l'autre bout du fil. Très agitée, à en juger par l'excitation de sa voix.

— Mon Dieu, que je suis heureuse d'avoir réussi à vous joindre! C'est vraiment une coïncidence extraordinaire!

— Une coïncidence?

— Mais oui! Une Mrs Hamilton Clipp, qui part pour Bagdad dans trois jours, s'est cassé le bras et elle a besoin de quelqu'un pour le voyage. Je vous ai appelée tout de suite.

Naturellement, je ne sais pas si elle a vu d'autres agences...

— Je cours chez elle. Où la voit-on?

— Elle est au Savoy.

— Vous dites qu'elle s'appelle Tripp?

— Non, Clipp, Mr et Mrs Hamilton Clipp, au Savoy. C'est d'ailleurs Mr Clipp qui m'a téléphoné.

— Vous êtes un amour! Je me sauve.

Victoria donna un coup de brosse à son tailleur, en déplorant qu'il fût un peu fripé, se recoiffa, s'appliquant à discipliner l'exubérance de quelques mèches rebelles — elle tenait à « faire sérieux » — puis, avant de sortir, relut le certificat que lui avait délivré Mr Greenholz. Elle hocha la tête et fit la moue.

Elle prit un autobus, qu'elle quitta à Green Park, pour entrer au Ritz. En cours de route, elle avait jeté un coup d'œil sur le journal que lisait sa voisine, non sans profit, puisqu'elle avait ainsi appris que lady Cynthia Bradbury avait pris le paquebot, la veille, à destination de l'Afrique Occidentale. Ayant gagné le salon de correspondance de l'hôtel, elle n'hésita donc pas à signer du nom de la noble voyageuse un certificat où elle vantait ses propres mérites avec quelques superlatifs bien sentis.

Quelques instants plus tard, elle entrait dans le petit salon du Balderton's Hotel, un établissement fréquenté par le haut clergé et les vieilles douairières de province. Elle n'y demeura que le temps de confectionner, d'une écriture plus posée, un second certificat, signé, celui-là, de l'évêque de Llangow.

Ainsi équipée, elle sauta dans un autre autobus, qui la déposa à deux pas du Savoy. Elle venait de demander à voir Mrs Hamilton Clipp « de la part de la Saint Guildric Agency », quand, au moment où il allait décrocher le téléphone intérieur, l'employé de la réception lui dit :

— Voici justement Mr Hamilton Clipp qui descend...

Mr Hamilton Clipp était un homme de haute taille, très

Américain d'allure, mais d'aspect aimable. Elle alla à lui, se nomma et, de nouveau, mentionna la « Saint Guildric Agency ».

— Eh bien! mademoiselle Jones, dit-il, nous allons immédiatement voir Mrs Clipp. Elle est à l'appartement. Je crois qu'elle a reçu la visite d'une autre jeune femme, mais sans doute a-t-elle fini maintenant...

Victoria pâlit. Allait-elle échouer si près du but?

L'ascenseur les transporta au troisième étage. Ils suivaient un long couloir quand Victoria se demanda si elle n'était pas victime d'une hallucination. Une jeune femme venait à leur rencontre en qui elle eut, une seconde, l'impression de se reconnaîte! Probablement parce que cette jeune femme, extrêmement élégante, portait le tailleur même dont Victoria rêvait depuis longtemps.

La jeune femme les croisa. Un petit chapeau, audacieusement posé sur le côté, lui cachait une partie du visage.

Mr Hamilton Clipp, pourtant, la reconnut et se retourna sur elle.

— Anna Scheele! murmura-t-il, quand elle se fut éloignée. Du diable si je m'attendais à la rencontrer ici!

Pour Victoria, il ajouta :

— Excusez-moi, mademoiselle Jones! J'ai été assez surpris de voir à Londres cette jeune personne, que j'ai aperçue à New York pas plus tard que la semaine dernière. C'est la secrétaire d'un gros financier international.

Ils s'étaient arrêtés devant une porte. La clé était dans la serrure. Mr Hamilton Clipp frappa, ouvrit sans attendre la réponse et s'effaça pour faire passer Victoria.

Mrs Hamilton Clipp, qui était assise dans un fauteuil près de la fenêtre, se leva pour les accueillir. C'était une femme de petite taille, de qui les yeux évoquaient irrésistiblement ceux d'un oiseau. Son bras droit était pris dans un plâtre. Mr Clipp fit les présentations.

— Avouez, mademoiselle Jones, s'écria Mrs Clipp, que c'est vraiment manquer de chance! Je me rends en Irak pour voir ma fille, qui est mariée là-bas et que je n'ai pas embrassée depuis près de deux ans. Nous arrivons à Londres, bien décidés à profiter de notre séjour, nous faisons deux ou trois promenades et, crac! en visitant l'abbaye de Westminster, je fais un faux pas et je me casse le bras. On m'a plâtrée et je ne suis pas trop à plaindre, puisque je ne souffre pas, mais je suis pratiquement une invalide et je ne sais trop comment je vais me débrouiller pendant le voyage, que je ne puis pas remettre, mon billet étant pris. George, retenu par ses affaires, ne pourra pas quitter Londres avant trois semaines. Notre première idée a été d'engager une infirmière qui m'accompagnerait et rentrerait en Angleterre immédiatement, étant donné que là-bas, avec Sadi, je n'aurai besoin de personne. Et puis j'ai pensé qu'il y avait une autre solution et qu'en m'adressant aux agences je trouverais peut-être quelqu'un qui serait disposé à venir avec moi, contre ses seuls frais de voyage.

Victoria crut devoir préciser qu'elle n'était pas à proprement parler une infirmière. Elle le dit d'un ton qui laissait entendre qu'elle ne se rendait pas justice, ajoutant d'ailleurs qu'elle avait soigné lady Cynthia Bradbury pendant une année entière. Tendant ses certificats à Mrs Clipp, elle poursuivit :

— Quant à ce qui est du secrétariat, c'est un travail que je connais bien, l'ayant appris auprès de mon oncle, l'évêque de Llangow.

Elle avait dit ça avec une modestie charmante. Mrs Hamilton Clipp, très impressionnée, passa les certificats à son époux.

— C'est la Providence qui vous envoie!

Victoria ne voulut pas détromper la brave dame. Elle se contenta de sourire discrètement.

— Vous allez retrouver quelqu'un à Bagdad, s'enquit

Mrs Clipp, ou avez-vous là-bas une situation qui vous attend?

La question prenait Victoria au dépourvu. Elle n'avait pensé qu'aux certificats et il ne lui était pas venu à l'idée qu'on pourrait lui demander pourquoi elle était si désireuse de se rendre à Bagdad. La réponse qu'elle improvisa tirait un parti aussi ingénieux qu'audacieux de l'entrefilet qu'elle avait lu la veille dans le journal.

— Je vais rejoindre mon oncle, le docteur Pauncefoot Jones, dit-elle.

— L'archéologue?

— Lui-même!

Victoria ne put s'empêcher de songer qu'elle s'annexait peut-être beaucoup d'oncles fort distingués, mais il était trop tard pour reculer.

— Ses travaux, expliqua-t-elle, m'intéressent énormément, mais je ne suis qu'une profane et je ne pouvais donc faire partie de la mission, qui n'a pas d'argent à gaspiller. Seulement, si je rallie Bagdad par mes propres moyens, je puis me rendre utile.

— Il est certain, déclara Mr Hamilton Clipp, que la Mésopotamie ouvre aux archéologues un champ immense.

Victoria se tourna vers Mrs Clipp.

— J'ai bien peur que mon oncle l'évêque soit en Écosse en ce moment. Mais sa secrétaire est à Londres et vous pourrez la joindre au téléphone en demandant Pimlico 97 693, une des lignes du Fulham Palace. J'imagine qu'elle sera là vers onze heures et demie. Elle vous donnera sur mon compte tous les renseignements que vous pouvez souhaiter.

— Je suis persuadée...

Mr Hamilton Clipp ne laissa pas sa femme achever sa phrase.

— Le temps presse, dit-il. L'avion part après-demain. Avez-vous un passeport, mademoiselle Jones?

Ayant passé un week-end en France quelques mois plus tôt. Victoria pouvait heureusement répondre que oui.

— Je l'ai apporté à tout hasard, ajouta-t-elle.

— Parfait! parfait! J'aime les gens qui ont le sens des affaires!

Victoria comprit que la partie était gagnée. D'autres postulantes seraient venues, elles auraient désormais été hors de course. Les certificats, le passeport, Mr Clipp était conquis.

— Il vous faudra différents visas, dit-il, mais mon ami Burgeon, de l'American Express, fera le nécessaire. Cependant il ne serait pas mauvais que vous passiez ici cet après-midi, pour le cas où il y aurait une signature à donner.

Victoria dit qu'elle reviendrait vers quatre heures. Elle se retira peu après, gagna en hâte son appartement, s'assit près du téléphone, prête à prendre la voix un peu maniérée d'une secrétaire d'ecclésiastique, si Mrs Clipp jugeait nécessaire de demander des renseignements sur la jeune personne qu'elle venait d'engager. Mais Mrs Clipp s'abstint.

Le soir même, les papiers de Victoria étaient en règle et la jeune fille était invitée à passer au Savoy sa dernière nuit londonienne, afin d'être sur place, le lendemain matin à sept heures, pour aider Mrs Clipp à boucler sa dernière valise.

CHAPITRE V

Le bateau, qui avait deux jours plus tôt quitté les Marches d'Arabie, descendait le Chatt-el-Arab. Le courant était rapide. Abdul Soliman, l'homme qui tenait le gouvernail, avait peu à faire. C'était un vieillard, qui depuis bien longtemps allait à Bassorah par le fleuve.

Les yeux mi-clos, il chantait d'une voix très douce une interminable et nostalgique mélodie arabe :

Asri bi lel ya yamali
Hadhi alek ya ihn Ali...

Il y avait à bord un autre personnage, vêtu, comme il arrive souvent maintenant en ces parages, moitié à l'orientale, moitié à l'européenne. Il portait, par-dessus une longue robe de coton à rayures, une tunique kaki informe, sale et déchirée. Un foulard de tricot d'un rouge passé flottait sur ses épaules et il était coiffé de l'inévitable *keffiyah* blanc et noir, tenu en place par un *agal* de soie noire. L'homme regardait sans la voir la rive défiler sous ses yeux, fredonnant sans s'en rendre compte le même air plaintif que le vieil Arabe. Sa silhouette, qui ressemblait à des milliers d'autres, ne détonnait pas dans le paysage mésopotamien et rien n'indiquait qu'elle appartînt à un Anglais, détenteur d'un secret qui risquait de lui coûter la vie.

Il songeait à un passé tout récent, qu'il revivait par la pensée : le guet-apens dans la montagne, la caravane de chameaux, les quatre jours durant lesquels il avait marché dans le désert en compagnie de deux porteurs chargés de sa « camera », les nuits sous la tente de ses vieux amis de la tribu des Aneizeh, tous les pièges qu'il avait dû déjouer pour échapper à l'invisible réseau d'ennemis qu'il lui fallait franchir pour remplir sa mission. Tous savaient de lui l'essentiel...

« Henry Carmichaël. Agent britannique. Trente ans environ. Cheveux bruns, yeux noirs, taille : 1 m. 78. Parle arabe, kurde, persan, arménien, hindoustani, turc et différents dialectes des montagnes. Compte des amis dans différentes tribus. *Dangereux.* »

Carmichaël était né à Kachgar, dans le Turkestan, où son père était fonctionnaire. Tout enfant, il avait été en contact avec des indigènes venus des points les plus différents et il avait des amis dans les contrées les plus sauvages du Moyen-Orient. Il n'en allait pas de même dans les grandes villes et il ne se dissimulait point qu'à Bassorah des difficultés l'attendaient. Il avait jugé prudent, pour gagner Bagdad, de ne pas s'y rendre directement. Ses chefs lui ayant laissé sa liberté d'action, il avait choisi lui-même sa route, et, pour plus de sécurité, il ne fit pas connaître l'itinéraire qu'il suivrait. L'avion, qui ne fut pas au rendez-vous convenu, lui donnait la preuve de l'existence de fuites toujours inexplicables et traîtresses.

Il sentait que les périls allaient en s'accroissant. L'idée qu'il pourrait échouer si près du but lui était insupportable.

Tirant en cadence sur ses rames, le vieil Arabe dit, sans tourner la tête :

— Le moment approche, mon fils. Qu'Allah soit avec toi!

— Tu ne t'attarderas pas, mon père, et tu retourneras tout de suite aux Marches. Je ne voudrais pas qu'il t'arrivât malheur.

— Tout est écrit, mon fils. Je suis entre les mains d'Allah!

— *Inch' Allah!*

L'embarcation s'engageait dans un chenal, à angle droit avec le fleuve. La navigation y était intense. Manœuvrant habilement, l'Arabe accosta.

— Nous y voici! murmura-t-il. Que Dieu aplanisse ton chemin et allonge les jours de ton existence!

Carmichaël gravit l'escalier glissant qui montait au quai. Là, il retrouva des images familières : accroupis sur le sol, des gamins offraient aux chalands des marchandises diverses, oranges, gâteaux, sucreries, lacets de soulier et peignes bon marché. Des gens, vêtus à l'orientale, allaient et venaient sans hâte. Un peu plus loin, de l'autre côté de la rue, là où se trouvaient les boutiques et les banques, de jeunes *effendis*, habillés à l'européenne, circulaient dans une foule où se remarquaient bon nombre d'Européens, en majorité des Anglais. Et qu'il y eût, depuis un instant, un Arabe de plus à Bassorah, nul ne paraissait s'en soucier.

Carmichaël se mit en route. Il allait lentement, comme indifférent au spectacle qu'il avait sous les yeux, attentif seulement à se racler la gorge de temps à autre et à cracher par terre, pour rester dans son personnage. A deux reprises, il se moucha dans ses doigts.

Il franchit le pont qui enjambe le canal et entra dans les souks. Là, tout était bruit et mouvement. Des indigènes se bousculaient pour se frayer un chemin, certains chassant devant eux un bourricot lourdement chargé, des gosses se chamaillaient, ne cessant de se disputer que pour courir derrière les Européens en implorant un *backchich*...

Là, on vendait de tout, la production européenne voisinant avec les marchandises indigènes. Il y avait des poêles en aluminium, des théières, des cuivres martelés, de l'argenterie d'Amara, des montres en acier, des pots émaillés, des broderies venues de Perse et des tapis de même origine, des coffres en bois, des vêtements d'occasion, des couvertures, des lampes peintes, des jarres en argile, tous les produits du pays et tout ce que l'industrie européenne a spécialement conçu pour une certaine exportation.

Encore qu'il n'y eût dans l'agitation des souks rien que de normal et que nul ne parût s'intéresser à sa présence, Carmichaël peu à peu acquit la certitude qu'une menace rôdait autour de lui. Il n'aurait pu préciser d'où il tenait cette conviction, il était à peu près sûr qu'il n'était ni suivi, ni surveillé mais il *sentait* le danger. Son instinct, celui d'un homme qui avait été traqué bien des fois, ne le trompait pas, la chose ne faisait pour lui aucun doute.

Il prit une ruelle obscure, tourna à droite, puis à gauche, passa sous une voûte pour arriver enfin dans une *khan* circulaire, entourée de boutiques de toute sorte. Il s'arrêta devant l'une d'elles. Des *ferwahs*, des vestes en peau de mouton fabriquées dans le nord, pendaient à l'étalage. Le marchand était en train d'offrir du café à un de ses clients, un homme grand et barbu, d'allure distinguée, dont le tarbouche s'ornait d'un ruban vert, ce qui prouvait que le personnage était un *hadji*, un Musulman ayant fait le pèlerinage de La Mecque.

Carmichaël palpa un *ferwah* et demanda :

— *Besh hadha?*

— Sept dinars.

— Trop cher!

Le *hadji* en terminait avec le marchand.

— Les tapis me seront livrés aujourd'hui?

— Sans faute. Vous partez demain?

— A l'aube, pour Kerbéla.

— Kerbéla? dit Carmichaël. Je suis de là-bas, mais il y a maintenant quinze ans que je n'ai vu le tombeau de Hoseïn.

— C'est une ville sainte, déclara le *hadji*.

Sans se retourner, le marchand informa son client éventuel qu'il avait à l'intérieur des *ferwahs* à meilleur prix.

— Ce que je veux, reprit Carmichaël, c'est un *ferwah* blanc.

— J'en ai dans l'arrière-boutique...

Du doigt, le marchand montrait la porte ouverte dans le mur du fond.

Les choses se passaient normalement. La conversation avait été de celles qui s'entendent tous les jours dans les souks, mais les mots-clefs étaient bien venus dans l'ordre : Kerbéla, *ferwah* blanc.

Ce fut seulement en pénétrant dans la boutique que Carmichaël, regardant le marchand pour la première fois, découvrit que son visage n'était pas celui qu'il attendait. Il n'avait vu l'homme qu'une fois, mais il était sûr de ne pas se tromper. Le marchand lui ressemblait, et même beaucoup, mais ce n'était pas l'homme que Carmichaël comptait rencontrer.

S'arrêtant, il demanda, d'un ton un peu surpris :

— Où donc est Salah Hassan?

— Mon pauvre frère est mort il y a trois jours. C'est moi qui lui ai succédé...

L'affaire n'avait rien d'invraisemblable. La ressemblance était certaine et le frère du mort pouvait, lui aussi, travailler pour l'Intelligence Service. Carmichaël, plus que jamais sur ses gardes pourtant, passa dans l'arrière-boutique, une petite pièce étroite et mal éclairée. Il y avait là, entassées sur des rayons, des marchandises fort diverses, et aussi presque à l'entrée, une table basse, sur laquelle se trouvait, soigneusement plié, un *ferwah* blanc.

Carmichaël le souleva. Il trouva là ce qu'il espérait : des

vêtements européens. Un complet de bonne qualité, mais déjà fatigué dans la poche de poitrine duquel il y avait de l'argent et des papiers. Un Arabe anonyme était entré dans la boutique. Celui qui en sortirait serait Mr Walter Williams, de la maison « Cross and C°, importateurs et agents maritimes », un homme d'affaires de qui les rendez-vous étaient pris depuis longtemps. Naturellement, il existait un Mr Walter Williams parfaitement authentique, et c'était un commerçant digne et considéré. Tout allait bien. Carmichaël respira et se mit à déboutonner sa vieille vareuse d'uniforme.

Si, pour se débarrasser de lui, ses ennemis avaient choisi le revolver, Carmichaël aurait disparu de la scène à ce moment-là. Mais ils avaient préféré le poignard, qui a l'avantage de ne point faire de bruit.

C'était une longue lame courbe et celui qui la tenait était caché par un rideau de vêtements, accrochés dans la boutique. Carmichaël aperçut l'arme, non point directement, mais son image, reflétée sur la paroi bien polie d'un gros vase de cuivre posé sur un rayon. Une seconde encore et elle s'enfoncerait entre ses épaules...

Carmichaël se retourna brusquement, saisit l'homme par le poignet et le jeta sur le sol. Le poignard glissa sous un meuble. Abandonnant son adversaire, Carmichaël fonça vers la boutique, qu'il traversa en courant ; sous les yeux étonnés du *hadji* et du marchand, probablement déçu, il franchit la *khan* à grandes enjambées, pour se retrouver bientôt dans la cohue des souks, où il se mit à flâner de la façon la plus naturelle.

Il s'arrêtait de temps en temps pour examiner un tissu ou un service à café, mais son cerveau travaillait ferme. La belle mécanique s'était détraquée. Une fois encore, il se trouvait seul, en pays hostile. La leçon à tirer des minutes qu'il venait de vivre ne lui échappait pas.

Les ennemis qu'il devait craindre, ce n'étaient pas seulement ceux qui le poursuivaient, mais d'autres, plus redoutables peut-être, ceux qui avaient livré les mots de passe et organisé contre lui une attaque, qui logiquement devait être la dernière, puisqu'elle le surprenait au moment même où il avait les meilleures raisons de se croire en parfaite sécurité. S'agissait-il d'agents étrangers ayant réussi à se glisser dans les services anglais ou de malheureux qui s'étaient laissé acheter, avec de l'argent ou autrement? La chose était d'importance secondaire. Le résultat seul comptait : il était seul, sans argent, découvert et dépourvu de tous les moyens qui lui eussent permis de changer de personnalité. De surcroît, suivi, vraisemblablement.

Il ne se retourna même pas. A quoi bon? Ceux qui le surveillaient n'étaient pas des novices.

Marchant sans but, il continua sa promenade, tout en réfléchissant. Il finit par sortir des souks, passa le pont, suivant enfin la rue dans laquelle se trouvait le consulat britannique. Nul ne semblait faire attention à lui. Rien ne semblait plus aisé que d'entrer. Il hésita. Dans les souricières aussi, il est facile de pénétrer. Les souris, qui se laissent tenter par un joli morceau de fromage, savent ensuite ce qu'il leur en coûte.

C'était un risque à courir. Et il ne voyait pas ce qu'il aurait pu faire d'autre.

Il entra.

CHAPITRE VI

Dans l'antichambre du consulat, Richard Baker attendait d'être reçu.

Il avait débarqué le matin de l'*Indian-Queen*, et satisfait aux exigences de la douane — ses bagages ne contenaient guère que des livres et on aurait pu croire qu'il n'avait emporté un peu de linge que sur une réflexion de toute dernière minute — et son bateau étant, contrairement à son habitude, arrivé à l'heure fixée par l'horaire, il se trouvait avoir quarante-huit heures devant lui, avant de se remettre en route, via Bagdad, pour le but de son voyage, Tell Asouad, l'emplacement de l'antique Murik.

Ces quarante-huit heures, il savait déjà comment il les emploierait. Il existait sur la côte, près de Koweit, un tertre qui passait pour receler des vestiges des civilisations disparues. L'occasion était excellente d'aller y procéder à quelques fouilles rapides.

A l'Airport Hotel, Richard Baker s'était renseigné sur les moyens de se rendre à Koweit. Un avion, qui partait le lendemain matin à dix heures, pouvait l'y conduire et le ramener le surlendemain. Il fallait naturellement remplir quelques formalités inévitables, obtenir quelques visas du consulat britannique. Richard se souvint qu'il avait autrefois rencontré en Perse Mr Clayton, aujourd'hui consul général à Bassorah. Il aurait plaisir à le revoir.

Au consulat, il fit passer sa carte et, informé que Mr Clayton était occupé pour l'instant, mais qu'il ne tarderait pas à le recevoir, il s'était laissé conduire à une antichambre, située dans l'immeuble, sur la gauche d'un couloir au bout duquel s'étendaient de vastes jardins.

Il y avait déjà là plusieurs personnes. Il leur avait tout juste accordé un coup d'œil. L'humanité en général ne l'intéressait pas et le moindre fragment de poterie antique le passionnait bien plus qu'un individu né à un moment quelconque du XXe siècle.

Plongé dans ses pensées, il songeait avec complaisance à certaines particularités des lettres de Mari et aux mouvements de la tribu des Benjamites, environ l'an 1750 avant J.-C., quand, sans qu'il sût pourquoi, il s'avisa qu'il ne pouvait pas plus longtemps ignorer la présence d'êtres humains à ses côtés. C'était quelque chose d'indéfinissable, qui ne correspondait à rien de concret, mais qu'il sentait. Le mot était juste. Ce quelque chose, il le *sentait*. C'était dans l'air. Et l'impression n'était pas pour lui absolument neuve. Il l'avait déjà éprouvée, notamment pendant la guerre, un jour qu'il avait été parachuté, à l'aube, en terrain ennemi...

Il se rappela. Ce qu'il sentait, c'était l'odeur de *la peur*...

Quelqu'un dans cette petite pièce, avait peur. Terriblement peur...

Il regarda ses voisins : un Arabe, qui portait une tunique kaki dépenaillée et qui faisait couler entre ses doigts les perles d'ambre d'un collier ; un Anglais au visage rubicond et à la grosse moustache blanche, qui jetait des chiffres sur un petit calepin, un représentant de commerce, sans aucun doute;

un homme à la peau très brune, qui semblait recru de fatigue et paraissait tout heureux de bénéficier d'un siège confortable; un autre, qui devait être un scribe irakien, et enfin un Persan d'un certain âge, dans une robe d'un blanc de neige. Aucun d'eux n'avait l'air de s'occuper de lui.

L'Arabe égrenait toujours ses perles d'ambre. Elles tombaient une à une entre ses doigts, et soudain Richard eut le sentiment très net que le bruit qu'elles faisaient lui rappelait quelque chose. Un trait... un trait... un point... Aucun doute! C'était du morse. L'alphabet lui était familier. Il l'avait assez pratiqué, pendant la guerre, quand il était dans les transmissions. Il pouvait encore lire au son. HIBOU. F-L-O-R-E-A-T-E-T-O-N-A. La devise d'Eton! *Floreat Etona!* Qu'est-ce que cette histoire-là? La devise d'Eton épelée par un Arabe en loques! Et il continuait! HIBOU. ETON. HIBOU :

Le Hibou! C'était le surnom qu'on lui donnait à Eton parce qu'il portait de grosses lunettes.

Il regarda mieux l'Arabe. L'homme était pareil à des centaines d'autres, qu'on rencontrait dans les souks et sur les quais du port. Ses yeux restaient fixés droit devant lui. Rien ne semblait indiquer qu'il connût Baker. Mais les perles d'ambre continuaient à cliqueter.

Ici, le Fakir. Je compte sur toi. Bagarre!

Le fakir? Quel fakir? Mais, bien sûr, le fakir Carmichaël, qu'on appelait comme ça parce qu'il était né ou qu'il avait vécu à l'autre bout de la terre, au Turkestan ou en Afghanistan!

Richard tira sa pipe de sa poche, souffla dedans, examina le fourneau, puis le frappa délicatement à plusieurs reprises, sur un cendrier.

Message reçu.

Les événements qui suivirent furent extrêmement rapides et, par la suite, Richard eut quelque peine à se les rappeler dans le détail. L'Arabe se leva, se dirigeant vers la porte. Passant devant Richard, il fit un faux pas, faillit tomber et s'accrocha à Richard, pour éviter la chute. Après quoi, s'étant excusé d'un mot, il se remit en route. Au même instant, le gros représentant de commerce lâcha son calepin et porta vivement la main à la poche intérieure de son veston. Sa corpulence ayant nui à la rapidité de ses mouvements, Richard eût le temps d'intervenir. Quand l'homme brandit son revolver, Richard lui administra, du plat de la main, un coup très sec sur le poignet. L'arme tomba sur le parquet. Une balle l'avait précédée, qui s'était enfoncée dans le bois.

L'Arabe, cependant, avait disparu. Dans le couloir, il avait d'abord couru vers le cabinet du consul, qui était tout au bout, près de la porte ouverte sur les jardins. Puis, brusquement, faisant demi-tour, il s'était précipité vers la porte conduisant à la rue. Bientôt, il se perdait dans la foule.

Quand, presque aussitôt, le *kavass* était arrivé, Richard tenait encore le gros représentant de commerce par le bras. A côté de lui, l'Irakien s'agitait beaucoup. Mais le Persan n'avait pas bougé, non plus que le personnage à la peau brune.

Richard exigeait rudement des explications.

— Qu'est-ce que ça signifie, ça? C'est comme ça que vous tirez des coups de revolver?

L'homme protestait, l'air navré. Sa voix était marquée d'un fort accent *cockney*.

— Mais non, mais non!... C'est un accident!... Une maladresse...

— Racontez ça à d'autres! Vous alliez bel et bien tirer sur cet Arabe qui vient de se sauver!

— Mais non, je n'ai jamais eu l'intention de lui tirer dessus! Je voulais simplement lui faire peur. Je venais de le reconnaître. C'est un coquin qui m'a refilé des antiquités qui n'ont pas trois ans d'existence. Si on n'a plus le droit de rigoler un peu!

Richard Baker avait horreur de la publicité, quelle qu'elle fût. L'explication ne valait pas grand-chose, mais il décida de s'en contenter. Il ne pouvait rien prouver et il n'était pas sûr du tout que le vieux Carmichaël tint à ce qu'on fît du bruit autour de l'incident. *A priori,* s'il était engagé dans quelque affaire aventureuse, on pouvait présumer qu'il préférait le silence.

Richard lâcha le bras du gros homme. Le *kavass*, cependant, s'était lancé dans un flot de paroles, d'où il ressortait qu'il était très mal de se servir d'un revolver dans les locaux du consulat, que c'était défendu et que le consul ne serait pas content.

— C'est un accident, répéta le coupable. Je vous fais toutes mes excuses et je m'en vais! Je verrai le consul une autre fois...

Brusquement, il tendit sa carte à Richard.

— Voici mon nom. Je suis à l'Airport Hotel et c'est là qu'on me trouvera si cette histoire fait du potin! Mais, encore une fois, c'est un simple accident. Une plaisanterie, quoi!

Richard le regarda sortir. Il n'était pas très sûr d'avoir raison de le laisser partir. Mais qu'eût-il pu faire d'autre?

Quelques instants plus tard, il fut introduit dans le cabinet du consul. Mr Clayton était un homme aux cheveux grisonnants et au visage pensif.

— Je ne sais, lui dit Richard, si vous vous souvenez de moi? Nous nous sommes rencontrés à Téhéran il y a deux ans.

— Je me rappelle. Vous étiez avec le docteur Pauncefoot Jones. C'est bien ça? Vous l'accompagnez encore cette année?

— Oui. Mais il se trouve que j'ai quelques jours devant moi et j'aimerais faire un saut jusqu'à Koweit. J'imagine que ça ne présente aucune difficulté?

— Aucune. Vous avez un avion demain matin et en une heure et demie vous serez sur place. Je vais télégraphier à

Archie Gaunt... C'est notre résident là-bas... Il vous logera. Pour cette nuit, vous serez mon hôte.

Richard protesta, sans trop de conviction.

— Je ne voudrais pas vous déranger. Je puis très bien coucher à l'hôtel...

— L'Airport Hotel est plus que complet et nous serons, ma femme et moi, ravis de vous avoir. Nous avons, d'ailleurs, d'autres invités : Crosbie, de l'Oil Company, et un jeune collaborateur du docteur Rathbone, qui débarque des caisses de livres, ce qui lui vaut de passer ses journées avec les agents des douanes. Montons! Nous allons voir Rosa...

L'appartement du consul était au premier étage. Mrs Clayton avait, comme son mari, conservé le souvenir de Richard Baker.

— A Téhéran, dit-elle en lui serrant la main, nous avons couru les bazars ensemble et vous avez acheté des tapis splendides!

— Une des meilleures affaires que j'aie faites! répondit Richard. Grâce à vous, d'ailleurs!

— Baker, expliqua Gerald Clayton, a l'intention de prendre l'avion demain pour aller à Koweit. Je lui ai dit qu'il passerait la nuit chez nous.

— Bien entendu! déclara Mrs Clayton. Je ne pourrai pas vous donner la meilleure chambre d'ami, parce qu'elle est occupée par le capitaine Crosbie, mais vous serez quand même confortablement logé.

Le consul demanda la permission de regagner son bureau.

— Il paraît, ajouta-t-il, qu'il y a eu un petit scandale dans l'antichambre. J'ai cru comprendre que quelqu'un avait brandi un revolver...

— Quelque cheik, sans doute, dit Mrs Clayton. Ils sont très susceptibles et ils adorent les armes à feu...

Richard mit les choses au point.

— En fait, il s'agissait d'un Anglais, qui paraissait bien décidé à faire un carton sur un Arabe.

Il ajouta, très simplement :

— Je l'ai désarmé en lui frappant un coup sec sur le poignet.

— Alors, vous avez tout vu! s'écria Clayton. Je n'y avais pas songé!

Il tira de sa poche une carte de visite.

— Robert Hall, Achilles Work, Enfield... Ce serait le nom du personnage. Je ne sais pourquoi il voulait me voir. Il n'était pas ivre, n'est-ce pas?

— Il prétend qu'il voulait plaisanter et que le coup n'est parti que par accident.

Clayton fronça le sourcil.

— Généralement, dit-il, les représentants ne se promènent pas avec des armes chargées dans leurs poches!

— J'aurais peut-être dû l'empêcher de s'en aller, fit remarquer Richard.

— Dans ces circonstances-là, il n'est pas toujours facile de savoir ce qu'on doit faire! L'Arabe n'a pas été blessé?

— Non.

— Alors, vous avez sans doute très bien fait de laisser partir le personnage.

— Je me demande quand même ce qu'il y avait là-dessous!

— Oui... Moi aussi...

Le consul paraissait préoccupé quand il redescendit.

Mrs Clayton conduisit Richard au salon, une vaste pièce, meublée avec goût, et lui demanda ce qu'il voulait boire. Bière ou café? Il choisit la bière. Elle était délicieusement glacée.

Elle lui demanda pourquoi il se rendait à Koweit, ce qu'il lui dit, puis pourquoi il n'était pas encore marié. Il répondit qu'il n'avait pas l'impression d'être fait pour le mariage.

— Allons donc! répliqua-t-elle. Les archéologues font d'excellents époux. Au fait, verra-t-on des jeunes femmes aux fouilles, cette année?

— Une ou deux, je crois... Et, naturellement, Mrs Pauncefoot Jones...

La conversation en était là quand survint un homme de petite taille et plutôt massif, que Mrs Clayton présenta à Richard comme étant le capitaine Crosbie. Elle expliqua que Mr Baker était un archéologue ayant amené au jour des quantités de choses fort intéressantes, vieilles de plusieurs milliers d'années. Le capitaine répondit qu'il n'avait jamais compris comment les gens qui faisaient des fouilles pouvaient s'y prendre pour attribuer un âge à leurs découvertes et qu'il les soupçonnait d'être de fieffés menteurs. Richard le regardant avec commisération et restant muet, Crosbie ajouta qu'il plaisantait, mais qu'il ne serait pas fâché de savoir comment les archéologues pouvaient dire avec certitude qu'un objet était vieux de tant ou tant de siècles. Richard avoua que ce serait bien long à expliquer.

— Nous reviendrons là-dessus, dit Mrs Clayton. Pour le moment, je vais vous montrer votre chambre.

Richard fut ravi de la suivre.

— Crosbie est très gentil, lui déclara-t-elle quand ils furent sortis de la pièce, je l'aime beaucoup, mais il n'a pas la moindre idée de ce que peut être la culture!

Richard approuva du chef.

Sa chambre était très confortable. Il en faisait le tour, les mains dans les poches, quand ses doigts rencontrèrent, au fond de l'une d'elles, un morceau de papier plié en quatre, qu'il ne se souvenait pas d'y avoir mis. Ne serait-ce pas l'Arabe qui l'aurait glissé au moment où, s'étant accroché à lui, il avait trébuché?

Il examina le papier crasseux, qui paraissait avoir été plié et déplié bien des fois. C'était, remontant à dix-huit mois, si l'on s'en référait à la date portée dans le bas, un certificat, un *chit*, comme il en est délivré beaucoup en Orient. Le major Wilberforce recommandait un certain Ahmed Mohammed, ouvrier adroit et plein de bonne volonté, capable de conduire un camion et de faire les réparations courantes, et, de plus, rigoureusement honnête.

Le front soucieux, Richard, méthodique et précis, passa en revue les événements de la matinée.

Carmichaël, la chose était hors de question, craignait pour sa vie. Traqué, il était venu se réfugier au consulat. Il pensait y être en sécurité. Au lieu de cela, le danger qui le menaçait s'était précisé. L'ennemi l'attendait dans l'antichambre. Un représentant de commerce? En tout cas, un homme qui ayant reçu des ordres formels n'avait pas reculé. En plein consulat et devant témoins, il avait essayé d'abattre Carmichaël. Pour qu'il risquât un tel coup, il fallait qu'il y eût urgence. Cependant Carmichaël, reconnaissant son vieux camarade de classe, lui avait demandé de venir à son secours et s'était arrangé pour lui passer un document, banal en apparence, mais vraisemblablement important. Si ses ennemis venaient à retrouver Carmichaël et à s'apercevoir que ce document n'était plus en sa possession, ils rechercheraient tous ceux à qui Carmichaël aurait pu le transmettre.

Ce document, que fallait-il donc faire de lui?

Richard pouvait le remettre à Clayton, représentant de Sa Majesté la Reine d'Angleterre.

Ou le conserver jusqu'à ce que Carmichaël le lui réclame.

Après réflexion, il opta pour la seconde branche de l'alternative.

Il garderait le document, mais non sans prendre des précautions.

Pour commencer, sur une page blanche détachée d'une vieille lettre, il confectionna un certificat, assez semblable à l'autre, mais différemment libellé. Le message pouvait être écrit à l'encre sympathique, mais il était possible aussi qu'il fût rédigé en code. Quand il eut terminé, il promena ses mains sur les semelles de ses souliers, puis s'appliqua à salir son certificat, le pliant et le dépliant à maintes reprises pour lui donner toutes les apparences d'une pièce qui traîne dans les poches depuis des mois et des mois.

Après quoi, il s'occupa de l'original. Il réfléchit longuement. Enfin, avec un léger sourire, il plia le papier pour en faire comme une petite règle oblongue, qu'il enveloppa dans une mince feuille de tissu imperméable, découpée dans son sac à éponge. Après quoi, il enroba le tout de plasticine, qu'il roula et aplatit jusqu'à ce qu'il eût obtenu une surface bien lisse, sur laquelle il imprima un sceau cylindrique qu'il avait sur lui. Il examina le résultat avec satisfaction : c'était, gravée dans la plasticine, une magnifique reproduction de Shamash, le dieu du Soleil, armé du Glaive de la Justice.

— Espérons, murmura-t-il, que c'est un heureux présage!

Il fourra dans une de ses poches le certificat fabriqué. Le soir, au moment de se coucher, quand il vida les poches du veston qu'il portait le matin, il constata que le papier avait disparu.

CHAPITRE VII

Dans la vaste salle d'attente, dont les hautes portes vitrées ouvraient sur l'aérodrome, Victoria, assise à côté de Mrs Clipp, savourait la douceur de vivre.

Tout à l'heure, pour les inviter à prendre place dans le car qui devait les conduire à l'aéroport, un employé avait appelé « les voyageurs pour le Caire, Bagdad et Téhéran ». Des mots magiques, qu'elle avait entendus avec un plaisir indicible. Sans doute, ils ne parlaient guère à l'imagination de Mrs Hamilton Clipp. La brave dame avait passé une part trop considérable de son existence dans les trains, les paquebots, les avions et les palaces, pour être encore sensible au charme mystérieux de ces noms de ville qui évoquaient tous les prestiges de l'Orient. Mais il n'en allait pas de même pour Victoria. Elle n'était pas blasée, elle, et l'incessant bavardage de Mrs Clipp, laquelle avait la déplorable habitude de penser tout haut, ne l'empêchait pas de goûter à son prix chacune des minutes qu'elle vivait.

Mrs Clipp passait en revue ceux et celles qui allaient être ses compagnons de voyage.

— Ces deux petits garçons sont simplement adorables,

mais ce doit être bien du souci que de prendre l'avion avec des enfants! Ils doivent être Anglais. Le tailleur de la mère ne manque pas de chic, mais elle me paraît bien fatiguée. Ce monsieur est habillé de façon bien voyante. Un Français, j'imagine, et probablement un homme qui est dans les affaires. L'autre, là-bas, est un Hollandais. Il était juste devant nous quand on a vérifié les passeports. Quant à ceux-là, ce sont ou des Turcs ou des Persans. J'ai l'impression qu'il n'y a pas d'Américains... mais nous sommes quand même ici depuis une demi-heure et je commence à me demander ce que nous attendons!

Mrs Clipp fut renseignée presque aussitôt. Escorté d'une nuée d'employés de la compagnie et suivi d'un porteur chargé de deux mallettes d'un luxe impressionnant, un homme de haute taille traversait la salle d'attente.

— Un monsieur qui est quelqu'un, murmura Mrs Clipp.

— Et qui le sait! murmura Victoria.

Le personnage ne tenait manifestement pas à passer inaperçu. Il portait un ample manteau de voyage gris sombre, avec un capuchon. Il était coiffé d'un chapeau de feutre gris clair, dont les larges bords faisaient songer à ceux d'un *sombrero*. Ses cheveux, un peu trop longs, étaient d'un bel argent, de même que sa moustache, coquettement relevée aux extrémités. Il avait l'air d'un gentilhomme d'aventures, comme on en voit au théâtre, et Victoria le trouva fort antipathique. Autour de lui, le personnel s'empressait.

— Oui, sir Rupert.

— Naturellement, sir Rupert.

— L'avion part tout de suite, sir Rupert.

Une porte s'ouvrit à deux battants pour lui livrer passage.

— Sir Rupert? dit Mrs Clipp à mi-voix. Je me demande qui il peut bien être.

Victoria avoua son ignorance.

— Un de vos ministres, peut-être? suggéra Mrs Clipp.

— Je ne pense pas.

En tout cas, sir Rupert était le personnage que l'avion attendait. Les voyageurs furent invités à passer sur le terrain et à monter à bord.

Victoria aida Mrs Clipp à s'installer, prit place à côté d'elle et ce fut seulement quand elle eut bouclé sa ceinture qu'elle s'aperçut que son siège se trouvait juste derrière celui qu'occupait sir Rupert. Les portes se fermaient et, bientôt, l'énorme machine roulait sur la piste.

L'avion décolla. Les passagers défirent leur ceinture, allumèrent des cigarettes, ouvrirent des magazines. Victoria regarda par la fenêtre. On survolait des nuages blancs. Mrs Clipp restait plongée dans la lecture d'une nouvelle. Sir Rupert ayant ramené son capuchon au-dessus de son *sombrero* paraissait dormir. Victoria commençait à trouver que les voyages en avion manquaient d'agrément.

Il pleuvait à torrents quand on atterrit sur l'aérodrome de Castel Benito. Des représentants de la compagnie, dorés sur toutes les coutures, vinrent prendre en charge sir Rupert, qu'ils emmenèrent vers quelque résidence de luxe, cependant que les autres passagers gagnaient le baraquement sans grand confort où ils passeraient la nuit. Victoria aida Mrs Clipp à fai.e sa toilette, puis s'étendit jusqu'à l'heure du dîner dans la petite chambre qui lui avait été assignée. Après le repas, Mrs Clipp bavarda avec quelques-uns des voyageurs, tandis que le monsieur au complet voyant, qui semblait s'être pris d'amitié pour Victoria, faisait à la jeune fille un cours complet sur la fabrication des crayons à mine de plomb. Une hôtesse de l'air annonça que le départ aurait lieu le lendemain matin, à cinq heures trente.

— On ne pourra pas dire, fit remarquer Victoria, que nous aurons vu grand-chose de la Tripolitaine! C'est toujours comme ça, les voyages en avion?

— Presque toujours, répondit Mrs Clipp. Ce que je ne m'explique pas, c'est cette rage qu'*ils* ont de toujours fixer le départ à une heure impossible! Heureusement, l'avion a cela de bon : on ne traîne pas en route.

Victoria eut un soupir discret. Elle aurait volontiers flâné un peu en chemin.

— Au fait, reprit Mrs Clipp, vous savez que j'ai découvert l'identité de ce monsieur qui est dans l'avion et qui a l'air d'être un personnage? C'est sir Rupert Crofton Lee, le fameux voyageur. Vous avez entendu parler de lui, évidemment?

Victoria répondit que oui. Elle avait, à différentes reprises, vu la photo de sir Rupert dans les journaux. Il connaissait l'intérieur de la Chine mieux que personne au monde, il était l'un des rares Européens à avoir traversé le Tibet et visité Lhassa, il avait parcouru les régions inexplorées du Kourdistan et de l'Asie Mineure et ses récits, écrits un peu à la diable, mais avec beaucoup d'esprit, connaissaient de très honorables tirages. S'il ne négligeait pas sa propre publicité, sir Rupert avait du talent. Victoria jugea que l'homme valait moins que ses livres. Elle n'en dit rien à Mrs Clipp, mais, pour elle, sir Rupert n'était qu'un « épateur ».

Elle eut tout le loisir de l'observer, le lendemain, tandis que l'avion, survolant une mer de nuages, fonçait vers le Caire, où il devait se poser à l'heure du déjeuner. Sir Rupert somnolait dans son fauteuil, la tête penchée sur la poitrine. Victoria remarqua sur sa nuque un petit clou, ce qui ne fut pas sans lui faire plaisir. Sir Rupert pouvait se prendre pour quelqu'un, il n'en restait pas moins, comme chacun, soumis aux petits ennuis de toutes sortes inhérents à la condition humaine.

Au Caire, Victoria déjeuna avec Mrs Clipp, qui lui annonça qu'elle allait se reposer tout l'après-midi, mais qu'elle avait pris ses dispositions pour que Victoria pût rendre visite aux Pyramides.

— A mes frais, bien entendu, dit-elle. Votre monnaie est si dépréciée!... Vous irez là-bas en voiture, avec Mrs Kitchin... C'est la dame aux deux petits garçons...

Les jeunes Kitchin étaient la turbulence même. Victoria n'en passa pas moins aux Pyramides un après-midi fort agréable. Le retour eut lieu, un peu à cause des petits, plus tôt que Victoria n'eût souhaité. Elle rentra assez fatiguée et décida de s'allonger dans sa chambre, en attendant l'heure du dîner.

Elle avait fermé les paupières quand des coups frappés à sa porte — du moins, elle eut cette impression — la tirèrent de sa rêverie. Elle dit : « Entrez! », puis, la porte restant close, elle alla ouvrir. Elle s'aperçut alors que ce n'était pas chez elle qu'on avait frappé, mais à côté, chez sir Rupert Crofton Lee. Elle entendit la courte conversation qu'il eut avec l'hôtesse de l'air qui était venue troubler son repos pour lui faire savoir qu'on serait heureux qu'il voulût bien passer tout de suite au bureau du contrôle.

— Un petit détail à régler, expliqua-t-elle, au sujet du vol de demain... C'est dans le couloir, à trois portes de la vôtre...

— C'est bien, dit-il. J'y vais.

Victoria referma sa porte. Elle n'avait plus sommeil et c'est avec chagrin qu'elle constata qu'il n'était encore que quatre heures et demie. Mrs Clipp n'aurait pas besoin d'elle avant six heures. Elle décida d'aller faire un tour.

Elle se poudra le nez et remit ses souliers, non sans peine, car la visite aux Pyramides avait été une rude épreuve pour ses extrémités inférieures. Elle suivit le couloir et elle approchait du bureau — une pancarte en bois, avec les mots « Bureau de Contrôle » était clouée sur la porte — quand sir Rupert en sortit. Il s'éloigna, marchant devant elle à grandes enjambées et elle eut l'impression qu'il n'était pas content

Quand Victoria revint, un peu avant six heures, Mrs Clipp était, elle, indiscutablement fort ennuyée.

— Il paraît, mademoiselle Jones, que j'ai de l'excédent de bagages! De plus, je croyais que tout était enregistré jusqu'à Bagdad, mais il faut croire que je me trompais. Demain, nous voyageons sur un avion de l' « Iraki Airways ». Mon billet est valable, mais je ne serais pas en règle pour mes bagages, pour lesquels je n'aurais pas payé. Voudriez-vous aller jusqu'au bureau pour voir ce qu'il en est?

Victoria, contrairement à ce qu'elle pensait, eut beaucoup de peine à trouver le bureau. Celui dont elle avait vu sortir sir Rupert ne devait être utilisé que durant les heures chaudes de l'après-midi, car elle trouva la pièce vide et n'obtint le renseignement qu'elle désirait que dans un autre, beaucoup plus grand, celui-là, et situé dans un autre corps de bâtiment. Les craintes de Mrs Clipp étaient fondées : elle n'avait payé pour ses bagages que jusqu'au Caire et pour les faire parvenir à Bagdad, acquitter un gros supplément.

Ce qu'elle fit sans discussion, mais aussi sans plaisir.

CHAPITRE VIII

Les bureaux de la Valhalla Gramophone C° se trouvent à Londres, au cinquième étage d'un immeuble de la Cité. L'homme était assis à sa table de travail, plongé dans la lecture d'un livre d'économie politique, quand le téléphone sonna. Il décrocha le récepteur et dit, de la voix la plus banale :

— Valhalla Gramophone.

— Ici, Sanders.

— Sanders du Fleuve? De quel fleuve?

— Sanders du Tigre. Rapport sur A. S. Nous avons perdu sa trace.

Un silence suivit. Puis, d'un ton tranchant l'homme de la Valhalla Gramophone C° reprit :

— Est-ce que j'ai bien entendu?

— Nous avons perdu la trace d'Anna Scheele.

— Pas de noms propres! Vous avez commis là une jolie gaffe! Comment vous y êtes-vous pris?

— Nous sommes allés à la maison de santé dont je vous ai parlé, celle où sa sœur devait être opérée.

— Et alors?

— L'opération a réussi. Nous pensions que A. S. retournerait au Savoy, où elle avait un appartement. Elle n'y est pas revenue. La clinique était surveillée, naturellement. Nous ne l'avons pas vue sortir et nous étions persuadés qu'elle s'y trouvait toujours.

— Et elle n'y était plus?

— Nous venons de nous en apercevoir. Elle en est partie *dans une voiture d'ambulance*, le lendemain de l'opération.

— Elle vous a bien eus!

— On le dirait. J'aurais juré qu'elle ne se savait pas suivie. Nous avions pris toutes nos précautions. Nous étions trois et...

— Gardez vos explications pour vous! Cette ambulance, où a-t-elle conduit A. S.?

— A l'University College Hospital.

— Et qu'est-ce qu'on vous a dit, à l'hôpital?

— Qu'une malade y a été amenée par une infirmière, qui était sans doute A. S. La malade admise, l'infirmière a disparu et on ne sait ce qu'elle est devenue.

— Cette malade, elle ne sait rien?

— Rien. Elle était sous l'influence de la morphine.

— Conclusion : A. S., maintenant, peut se trouver n'importe où?

— Oui. Si elle revient au Savoy...

— Ne dites pas de niaiseries! Elle ne retournera pas au Savoy...

— Devons-nous voir si elle est dans un autre hôtel?

— Évidemment! Mais ça ne donnera rien! Elle sait trop bien que c'est la première chose que vous ferez.

— Alors, quelles instructions?

— Voyez les ports : Douvres, Folkestone, etc. Voyez les compagnies aériennes, particulièrement celle qui fait la ligne de Bagdad. Renseignez-vous sur les places louées pour les quinze jours à venir, sans perdre de vue qu'elle ne voyagera certainement pas sous son vrai nom.

— Ses bagages sont toujours au Savoy. Elle se les fera peut-être livrer...

— Aucune chance! Vous pouvez être stupide, mais, elle, elle ne l'est pas! Sa sœur sait-elle quelque chose?

— Nous sommes en contact avec l'infirmière qui s'occupe d'elle à la clinique. D'après elle, sa sœur croit que A. S. est à Paris, pour le compte de Morganthal, et qu'elle est descendue au Ritz. Elle croit que A. S. rentrera aux États-Unis le 23.

— Autrement dit, A. S. ne lui a rien dit. Rien d'étonnant, d'ailleurs. Occupez-vous sérieusement des compagnies aériennes! Elle ne peut pas ne pas aller à Bagdad et, pour y être à temps, elle est obligée de prendre l'avion. A part ça, Sanders...

— Oui?

— *Ne faites plus de gaffes!* On vous donne encore une chance, mais c'est la dernière!

CHAPITRE IX

Mr Shrivenham, le jeune attaché de l'ambassade britannique, suivait d'un œil inquiet l'avion qui tournait au-dessus de l'aéroport de Bagdad. Une tourmente de sable se préparait, que rien n'avait laissé prévoir, et déjà des nuages de poussière brune tourbillonnaient, derrière lesquels nuages, bâtiments et humains disparaissaient par instants.

— Dix contre un qu'il ne pourra pas se poser! dit Lionel Shrivenham, d'un ton lugubre.

— Alors, demanda son ami Harold, que fera-t-il?

— Il ira atterrir à Bassorah, je suppose. Il paraît que là-bas le temps est idéal.

— C'est une « huile » que tu attends?

Le jeune Shrivenham poussa un soupir.

— Et je n'en suis pas plus fier! Le nouvel ambassadeur n'est pas encore arrivé. Lansdowne, qui normalement l'aurait remplacé, est en Angleterre. Rice, le conseiller pour les affaires d'Orient, est au lit avec une grippe intestinale et quarante de fièvre. Best est à Téhéran. Si bien que je reste seul pour m'appuyer la corvée! J'attends un type dont je ne sais presque rien et sur lequel personne ne paraît en savoir plus long que moi!

Un grand voyageur, à ce qu'il paraît, qui passe son temps à naviguer sur un chameau dans des coins impossibles! Pourquoi est-il un personnage, je l'ignore! Mais c'est quelqu'un, car j'ai ordre de me conformer à ses moindres désirs. Si on l'emmène à Bassorah, il sera vraisemblablement d'une humeur de dogue quand il arrivera ici... et je ne sais trop ce que je dois faire! Le mieux serait sans doute de lui expédier un avion de la R. A. F. demain matin, mais il y a un train ce soir et peut-être préférerait-il...

Shrivenham n'acheva pas sa phrase et soupira de nouveau. Depuis trois mois qu'il était à Bagdad, il jouait de malchance et il sentait qu'une seule erreur suffirait maintenant à compromettre une carrière jusqu'alors bien partie.

Il respira mieux quand il vit l'avion se mettre en descente et prendre son terrain. Un instant plus tard, l'appareil se posait sur la piste. Shrivenham repéra du premier coup d'œil celui qu'il venait chercher, jugea à part soi que le personnage était vêtu de façon un peu tapageuse, et alla à lui.

— Sir Rupert Crofton Lee? Shrivenham, de l'ambassade.

La réponse de sir Rupert lui parut manquer de cordialité. Il se força pourtant à prononcer quelques phrases banales, tout en conduisant son hôte jusqu'à l'automobile, dans laquelle il monta derrière lui.

— Un instant, dit-il en s'asseyant, j'ai cru que votre avion ne pourrait se poser et qu'il lui faudrait pousser jusqu'à Bassorah. Cette tourmente de sable...

— Pour moi, répondit sir Rupert, c'eût été un désastre! Rien de moins. S'il m'avait fallu modifier mon emploi du temps, la chose, jeune homme, aurait eu des conséquences d'une portée et d'une gravité qu'on imaginerait difficilement.

Shrivenham pensa que le personnage, fort imbu de son importance, avait une regrettable tendance à se prendre pour le centre du monde, mais c'est sur un ton très respectueux qu'il donna sa réplique.

— J'en suis persuadé, monsieur.

— Savez-vous quand l'ambassadeur sera à Bagdad?

— La date de son arrivée n'est pas encore fixée.

— Je serais navré de ne pas le voir. Je l'ai rencontré pour la dernière fois aux Indes en... voyons... c'est bien cela... en 1938.

Après un silence, sir Rupert reprit :

— Rice est toujours ici?

— Toujours, oui, monsieur. Il est conseiller pour les affaires d'Orient.

— Un homme de valeur! Je serai content de le revoir.

Shrivenham s'éclaircit la voix avant de répondre.

— Malheureusement, monsieur, Rice est en ce moment à l'hôpital, en observation. Une gastro-entérite, paraît-il, qui n'est pas sans inquiéter les médecins.

Sir Rupert tourna vivement la tête vers Shrivenham.

— Une gastro-entérite?... Il est malade depuis quand?

— Depuis avant-hier.

Sir Rupert fronça le front. Toute sa superbe avait disparu.

— Je me demande, murmura-t-il, si ce ne serait pas la fièvre de Scheele...

Shrivenham, qui n'avait jamais entendu parler de cette maladie, garda un silence prudent.

La voiture approchait du pont Feyçal et allait tourner à gauche, vers l'ambassade. Brusquement, sir Rupert se pencha en avant pour interpeller le chauffeur.

— Un instant?... Voudriez-vous vous arrêter là, sur la droite? Devant cette boutique...

Le conducteur obéit et vint immobiliser l'auto devant un petit magasin indigène, tout encombré de poteries de toutes sortes. Un Européen en sortait, qui s'éloigna vers le pont.

Shrivenham crut reconnaître Crosbie, « des pétroles », qu'il avait rencontré une fois ou deux.

Sir Rupert sauta hors de la voiture et pénétra dans la boutique. Il prit une jarre et engagea avec le marchand une rapide conversation en arabe. Les deux hommes parlaient très vite et Shrivenham, de qui le vocabulaire arabe était encore fort limité, ne comprenait pas grand-chose à ce qu'ils disaient. Sir Rupert, maniant des poteries, posait des questions, auxquelles le commerçant répondait par un flot de paroles. Finalement, sir Rupert choisit un petit vase au col étroit, mit quelques pièces dans la main du marchand et regagna la voiture.

Pour le bénéfice de Shrivenham, il commentait son achat.

— Depuis des milliers et des milliers d'années, ces poteries sont fabriquées selon les mêmes procédés. On trouve cette même forme en Arménie, dans certaines régions de montagne...

Tout en parlant, sir Rupert engageait deux doigts dans le col du récipient.

— C'est du travail assez grossier, fit remarquer Shrivenham, sans le moindre enthousiasme.

— Il n'a aucune valeur artistique, je vous l'accorde, mais, au point de vue historique, il est intéressant. Vous voyez ces oreilles? Les objets les plus usuels, quand on sait les regarder, nous apprennent bien des choses. J'en ai une collection.

A l'ambassade, sir Rupert demanda à être conduit immédiatement à sa chambre. Shrivenham nota avec amusement que, sa conférence sur les poteries terminées, sir Rupert avait complètement oublié le vase qu'il venait d'acheter et l'avait laissé dans la voiture. Il se fit un devoir de le lui porter. Sir Rupert le remercia, de l'air de quelqu'un qui pense à autre chose, et Shrivenham se retira en se disant que les personnages d'importance étaient quelquefois de curieux individus.

Shrivenham parti, sir Rupert s'approcha de la fenêtre et déroula la petite feuille de papier qu'il avait trouvée, enfoncée dans le col du vase. C'était un message de deux lignes. Il en prit connaissance, brûla le billet et sonna un domestique, qui arriva bientôt.

— Monsieur a appelé? Je puis défaire ses bagages?

— Pas encore! Voudriez-vous dire à Mr Shrivenham que j'aimerais qu'il vînt me voir dans ma chambre?

Shrivenham ne tarda pas. Sa conscience ne lui reprochait rien, mais il ne se sentait pas rassuré.

— Monsieur Shrivenham, lui dit sir Rupert, tous mes plans sont changés! Je puis compter sur votre discrétion, n'est-ce pas?

— Oh! absolument, monsieur.

— Voilà... il y a un certain temps que je ne suis venu à Bagdad; en fait, je n'y ai pas remis les pieds depuis la fin de la guerre. Les hôtels sont bien sur l'autre rive du fleuve?

— Oui, monsieur. Dans Rashid Street.

— Adossés au Tigre?

— Oui, monsieur. Le plus grand, le Babylonian, est celui où descendent les personnalités plus ou moins officielles.

— Connaissez-vous un hôtel qui s'appellerait le Tio?

— Sans doute, monsieur. Il est très fréquenté. On y mange bien et le directeur, un certain Marcus Tio, est un type extraordinaire. Une curiosité de Bagdad...

— Très bien. Je désire que vous me fassiez retenir une chambre au Tio.

Shrivenham n'était pas sûr d'avoir bien entendu.

— Vous voulez dire que... vous n'habiterez pas à l'ambassade? Toutes les dispositions...

Sir Rupert coupa la parole au jeune attaché.

— Je sais. Nous en prenons d'autres, voilà tout!

— Bien sûr, monsieur. Je ne voulais pas dire...

Shrivenham se tut, incapable de rien ajouter. Il avait le sentiment très net qu'un jour viendrait où cette histoire lui vaudrait de ses supérieurs des reproches sanglants.

— J'ai à mener certaines négociations très délicates, reprit sir Rupert, et je viens d'apprendre que je ne saurais les conduire de l'ambassade. Je désire donc que vous me reteniez pour ce soir une chambre au Tio et mon intention est de quitter l'ambassade sans me faire remarquer. Ce qui revient à dire que ce n'est pas dans une voiture officielle que je me rendrai au Tio. Je désire, en outre, qu'on me prenne une place dans l'avion qui partira pour le Caire après-demain.

Shrivenham paraissait de plus en plus désemparé.

— Mais je croyais que vous restiez cinq jours à Bagdad?

— C'est changé! Il est essentiel que je gagne le Caire aussitôt que j'en aurai fini avec ce que j'ai à faire ici. Il serait dangereux pour moi de m'attarder à Bagdad.

— Dangereux?

Sir Rupert sourit. D'un sourire extrêmement sympathique, qui surprit Shrivenham. L'homme était comme transformé. Shrivenham ne retrouvait plus en lui le personnage cassant et hautain dont les manières lui avaient rappelé celles d'un sous-officier prussien.

— D'habitude, reprit sir Rupert, je n'ai pas tellement le souci de ma propre sécurité. Seulement, aujourd'hui il ne s'agit pas uniquement de la mienne, mais de celle d'un nombre considérable d'individus. Je vous demande donc de bien vouloir prendre les dispositions que j'ai dites. Pour l'avion, s'il y a des difficultés, exigez la priorité! Je ne m'en irai de l'ambassade que ce soir. D'ici là, je ne bougerai pas de ma chambre.

A la stupéfaction de Shrivenham, il ajouta :

— Officiellement, je suis malade. Une crise de malaria. Donc, je ne mangerai pas.

— Mais nous pourrions vous faire monter...

— Inutile. Vingt-quatre heures de jeûne ne m'effraient pas. Faites ce que je vous demande, je vous en prie, et ne vous tracassez pas!

Shrivenham se retira fort intrigué. Il ne savait vraiment plus que penser.

CHAPITRE X

Une poussière jaune et chaude, un air irrespirable, des rues bruyantes et encombrées, Victoria ne retint guère que cela de son premier contact avec Bagdad. Son impression était nettement défavorable et c'est tout ensemble déçue et un peu étourdie qu'elle arriva au Tio Hotel.

Mrs Clipp fut saluée sur le seuil de l'établissement par le directeur-propriétaire en personne. Encore jeune, mais déjà pourvu d'un ventre avantageux, Marcus Tio avait la parole abondante et cordiale.

— Bonjour, madame Clipp! Quelle joie pour nous de vous revoir!... Mais qu'est-ce que vous avez au bras?... Vous êtes arrivée par une bien vilaine journée. J'ai cru que cet appareil ne se poserait jamais... et, une fois encore, je me suis promis de ne jamais voyager en avion. Pourquoi se hâter? Un peu plus tôt, un peu plus tard... Mais vous êtes accompagnée par une charmante jeune femme... Nous sommes toujours contents de voir à Bagdad de jolies personnes que nous ne connaissons pas encore!... Comment se fait-il que Mr Harrison ne soit pas venu vous attendre?... Je pensais qu'il nous arriverait dès hier... Vous permettez que je vous offre quelque chose?

Victoria, sur l'instance de Marcus, dut se résigner à absorber un double whisky et elle ne savait plus très bien où elle en était quand elle gagna sa chambre, une pièce très haute, aux murs blanchis à la chaux, assez curieusement meublée d'un lit métallique, d'une table « modern-style », d'une vénérable armoire victorienne et de deux fauteuils en peluche.

Son maigre bagage posé au milieu de la chambre, Victoria, tandis que le valet lui préparait un bain — il l'avait loyalement avertie qu'il en avait pour une demi-heure — commença par se regarder dans la glace. La poussière de Bagdad avait transformé sa chevelure, qui maintenant tirait sur le roux. Elle alla s'accouder au balcon. A ses pieds, elle devina le Tigre, caché par une espèce de brume jaunâtre.

— Fichu pays! murmura-t-elle.

Et, broyant du noir, elle s'allongea sur le lit.

A la fin de l'après-midi, réconfortée par un bain, un lunch agréable et une bonne sieste, Victoria retourna sur son balcon. La tourmente de sable avait pris fin et le Tigre baignait dans une jolie lumière claire. Au delà du fleuve, on apercevait des maisons perdues dans un paysage de palmiers.

Entendant parler dans le jardin qui se trouvait sous sa fenêtre, Victoria tendit l'oreille. Elle reconnut la voix de Mrs Hamilton Clipp et, regardant, elle constata que l'incorrigible bavarde avait déjà trouvé une partenaire en la personne d'une de ces Anglaises sans âge qu'on est toujours sûr de rencontrer où qu'on aille, quand on voyage à l'étranger.

— Ce que je serais devenue sans elle, disait Mrs Clipp, je n'en sais rien! C'est la jeune fille la plus gentille que je connaisse. Elle est d'ailleurs d'excellente famille. Son oncle est l'évêque de Llangow.

— L'évêque d'où?

— De Llangow, je ne crois pas me tromper.

— Il n'y a pas d'évêque de Llangow.

Victoria fronça le sourcil. La dame n'était pas de celles qu'on peut abuser avec un évêque fantôme.

— Alors, reprit Mrs Clipp, c'est que j'aurai mal compris. En tout cas, c'est certainement une charmante jeune fille, et qui sait se rendre utile.

— Ah?

La dame n'avait pas l'air très convaincue. Victoria se dit qu'il ne devait pas être facile de lui conter des blagues et se promit de ne point l'approcher de trop près. Puis, assise sur son lit, elle examina la situation.

Elle était au Tio, un hôtel vraisemblablement fort cher et elle possédait, en tout et pour tout, quatre livres dix-sept shillings. Elle avait fait un excellent repas, qu'elle devait et dont il n'était nullement prouvé qu'il serait payé par Mrs Clipp, qui ne s'était engagée à ne rien acquitter d'autre que les frais de voyage de son infirmière. Mrs Clipp avait eu à ses côtés une aide attentive et prévenante, Victoria était à Bagdad, tout s'était passé à la satisfaction des deux parties, mais désormais Victoria n'était plus au service de Mrs Clipp, qui prendrait le train du soir pour Kirkouk. Avant de s'en aller, accorderait-elle à Victoria une gratification? C'était possible, mais peu probable, la brave dame ne sachant pas que Victoria se trouvait dans une situation financière difficile. Il n'existait qu'une personne sur qui Victoria pût compter : Edward.

Edward, qui lui trouverait un emploi...

Mais où se trouvait-il?

Et comment s'appelait-il? Victoria découvrait avec stupeur qu'elle ignorait son nom de famille!

Heureusement, elle savait qu'il venait à Bagdad comme secrétaire du docteur Rathbone. Lequel, on pouvait le présumer, n'était pas n'importe qui...

Victoria se remit un peu de poudre, tapota ses cheveux et

descendit dans le hall de l'hôtel. Marcus l'accueillit avec un large sourire.

— Mademoiselle Jones! s'écria-t-il, du plus loin qu'il l'aperçut. Je suis ravi de vous voir et vous ne refuserez pas de boire quelque chose avec moi. J'adore les Anglaises. Toutes les Anglaises de Bagdad sont mes amies. Allons jusqu'au bar!

Victoria ne se fit pas prier. Perchée sur un haut tabouret, un verre de gin à la main, elle demanda tout de suite le renseignement qui l'intéressait.

— Connaissez-vous un certain docteur Rathbone, qui vient d'arriver à Bagdad?

— A Bagdad, répondit Marcus Tio, le visage épanoui, je connais tout le monde et tout le monde me connaît! C'est la pure vérité. Je n'ai que des amis!

— J'en suis persuadée. Vous connaissez le docteur Rathbone?

— La semaine dernière, j'avais ici le général qui a la haute main sur toutes les formations aériennes dans le Moyen-Orient. Nous ne nous étions pas rencontrés depuis 46. Il m'a trouvé grossi. C'est un homme extrêmement amusant et je l'adore!

— Et le docteur Rathbone? Il est extrêmement amusant, lui aussi?

— Moi, voyez-vous, je veux autour de moi des visages souriants! J'aime les gens qui sont jeunes, gais et charmants... Comme vous, par exemple... Prenez un autre gin-orange...

— Je ne voudrais pas...

— Mais si, mais si... Ce n'est pas fort!

— Ce docteur Rathbone...

— Mrs Hamilton Clipp est bien Américaine, n'est-ce pas? Je n'ai rien contre les Américains, mais je préfère les Anglais. Malgré cela, je reconnais que les Américains sont parfois des types très bien. Mr Summers... vous le connaissez, évidemment... Mr Summers, quand il vient à Bagdad, passe son premier jour à boire et reste couché les trois jours suivants... A mon avis, c'est excessif !

— Soyez gentil! Rendez-moi service!

Marcus regarda Victoria d'un air surpris.

— Mais je ne demande que cela! Dites-moi seulement ce que vous voulez et c'est fait! De quoi s'agit-il?

— Je voudrais joindre le docteur Rathbone. Il est arrivé à Bagdad tout récemment, avec... un secrétaire.

— Rathbone? dit Marcus. Je ne connais pas. Il ne descend pas au Tio.

Le ton laissait nettement entendre que, pour Marcus, existaient seuls les gens qui descendaient au Tio.

— Mais, reprit Victoria, il y a d'autres hôtels?

— Bien sûr! Le Babylonian Palace, le Sennacherib, le Zobeide Hotel... Ce sont de bons hôtels, je n'en disconviens pas, mais ils ne valent pas le Tio.

— J'en suis bien convaincue! Vous ne savez pas si le docteur Rathbone réside dans l'un d'eux? Il s'occupe d'une espèce de société culturelle...

— Une excellente chose! s'exclama Marcus. La culture, c'est ce dont nous avons le plus besoin! La musique, il n'y a que ça de vrai! Moi, par exemple, j'adore les sonates... A condition qu'elles ne durent pas trop longtemps.

Victoria comprit qu'elle perdait son temps. La conversation de Marcus ne manquait ni de pittoresque, ni d'imprévu, mais elle tournait en rond pour toujours revenir à son point de départ, au seul sujet qui vraiment intéressât Marcus : Marcus lui-même.

La jeune fille refusa un troisième gin-orange, descendit de son tabouret et s'éloigna, les jambes un peu molles. Quoi que prétendît le patron, les cocktails de l'hôtel étaient forts. Victoria se rendit sur la terrasse et s'accouda à la balustrade pour regarder le fleuve.

— Je vous demande pardon, dit bientôt une voix derrière elle, mais vous devriez mettre une veste. Nous ne sommes pas en Angleterre. On se croirait en été, mais il fait terriblement froid quand le soleil se couche.

Victoria se retourna et reconnut la dame avec qui Mrs Clipp bavardait dans l'après-midi. Assise dans un fauteuil, une couverture sur les genoux, elle dégustait à petites gorgées un *whisky and soda.* Elle portait une cape de fourrure sur les épaules.

— Je vous remercie, dit Victoria.

Elle allait rentrer dans l'hôtel, mais il ne semblait pas être dans les intentions de la dame de lui permettre de s'esquiver.

— Je ne me suis pas présentée. Je suis Mrs Cardew Trench.

Impossible de se méprendre sur le ton. Il indiquait clairement que la famille Cardew Trench occupait dans le monde une place indiscutée et de choix.

— J'imagine, poursuivit Mrs Cardew Trench, que vous êtes arrivée avec cette dame américaine, Mrs Hamilton Clipp, je crois?

— C'est cela même.

— Elle m'a dit que vous étiez la nièce de l'évêque de Llangow?

— Ah! oui?

Victoria s'était ressaisie et avait donné à sa réponse l'intonation amusée qui convenait.

— Une erreur, sans doute? reprit Mrs Cardew Trench.

Victoria sourit.

— Les Américains sont assez excusables de se perdre parfois dans nos noms propres. Languao ressemble à Llangow. Mon oncle est évêque de Languao.

— Languao?

— C'est une petite île du Pacifique. Il est évêque colonial, naturellement.

— Ah! il est évêque colonial!

Mrs Cardew Trench n'avait manifestement jamais entendu parler des évêques coloniaux.

— Tout s'explique! ajouta-t-elle.

Victoria n'était pas mécontente de son improvisation.

— Et que faites-vous à Bagdad? reprit Mrs Cardew Trench, dissimulant sa curiosité naturelle sous une gentillesse affectée.

Victoria pouvait difficilement répondre qu'elle n'était venue à Bagdad que pour retrouver un jeune homme avec qui elle avait échangé quelques paroles sur un banc, dans un jardin public de Londres. Heureusement, elle ne manquait pas de mémoire.

— Je viens rejoindre mon oncle, le docteur Pauncefoot Jones.

— Ah! très bien.

Ravie de pouvoir enfin « situer » Victoria, Mrs Cardew Trench poursuivit :

— C'est un homme délicieux, encore qu'un peu distrait. Ce qui n'est d'ailleurs pas surprenant... Je l'ai entendu, à Londres, l'an dernier... Une très belle conférence, à laquelle je n'ai du reste rien compris... Il est effectivement passé par Bagdad, il y a une quinzaine de jours, et je crois bien me rappeler qu'il a parlé de jeunes femmes qui devaient le rejoindre dans quelque temps...

Son statut établi, Victoria revint à ce qui la préoccupait.

— Savez-vous, demanda-t-elle, si le docteur Rathbone est ici?

— Il vient tout juste de sortir, répondit Mrs Cardew Trench. Je crois qu'on l'a prié de faire une conférence à l'Institut, jeudi prochain, sur « la fraternité dans les relations internationales », si je ne m'abuse... Pures fariboles, si vous voulez mon avis... Plus vous essayez de rapprocher les peuples, et plus ils deviennent méfiants!... Je ne vois d'ailleurs pas quel intérêt il a à traduire Shakespeare et Wordsworth en arabe, en chinois ou en hindoustani...

— Vous savez où il est descendu?

— Au Babylonian Palace Hotel, je crois. Mais son quartier général est près du Musée... A deux pas du bazar aux cuivres... Le Rameau d'Olivier... Un nom ridicule et une institution qui ne l'est pas moins... Bourrée de jeunes femmes qui ne s'habillent pas, ne se lavent pas le cou et portent des lunettes!

— Je connais vaguement son secrétaire.

— Ah! oui, le jeune... comment s'appelle-t-il déjà? Edward le Réservé, enfin... Un gentil garçon, qui n'est pas du tout à sa place dans ce milieu d'intellectuels crasseux... Il s'est très bien conduit à la guerre, m'a-t-on dit. Il faut qu'il gagne sa vie, probablement... Oui, c'est un très gentil garçon... et toutes ces jeunes femmes s'en rendent d'ailleurs bien compte... Elles sont folles de lui, malgré leurs graves travaux!... Au fait, comment se porte Mrs Pauncefoot Jones? On m'a dit qu'elle avait été très malade?

Sachant maintenant ce qu'elle voulait savoir, Victoria jugeait inutile de courir le risque d'un nouveau mensonge. Elle jeta un coup d'œil sur sa montre et poussa un cri :

— Mon Dieu! Six heures et demie! Et Mrs Clipp qui m'attend pour s'habiller! Il faut que je me sauve!

Victoria ne disait pas tout à fait la vérité, mais elle ne mentait pas tout à fait non plus, puisqu'elle devait retrouver Mrs Clipp à sept heures. Elle prit vivement congé et monta à sa chambre, toute sa gaieté revenue. Demain, elle verrait Edward. Quant aux jeunes femmes au cou mal lavé qui l'entouraient de leur adoration, Victoria ne les redoutait pas. Edward retrouvé, les choses iraient toutes seules...

La soirée passa rapidement. Après avoir dîné avec Mrs Hamilton Clipp, qui l'invita à venir la voir plus tard, Victoria la conduisit à la gare, l'installa dans son compartiment et fit connaissance avec une amie de Mrs Clipp qui, se rendant elle aussi à Kirkouk, s'occuperait d'elle durant le voyage.

Au dernier moment, tandis que la locomotive sifflait, Mrs Clipp mit dans la main de Victoria une enveloppe rebondie.

— Un petit souvenir, mademoiselle Jones. Acceptez-le avec, encore une fois, tous mes remerciements!

— Oh! madame Clipp, c'est trop gentil à vous! Il ne fallait pas...

Victoria, enchantée, prit un taxi, pour rentrer à l'hôtel, courut à sa chambre et, d'une main fébrile, ouvrit l'enveloppe. Elle contenait une paire de bas en nylon!

A tout autre moment, Victoria eût été ravie. Elle était coquette et ses moyens ne lui avaient jamais permis de s'offrir des bas nylons. Mais elle espérait tout autre chose, un peu d'argent liquide eût bien mieux fait son affaire et elle regrettait que la délicatesse de Mrs Clipp l'eût empêchée de lui faire cadeau d'un billet de cinq dinars, ou de plus...

Heureusement, grâce à Edward, tout s'arrangerait dès le lendemain. Victoria se mit au lit sur cette pensée rassurante et, cinq minutes plus tard, elle dormait d'un sommeil profond et sans rêves.

CHAPITRE XI

Le soleil était déjà haut quand Victoria s'éveilla. Elle s'habilla, puis alla sur son balcon. Elle ne fut pas peu surprise d'apercevoir, à quelque distance, assis et lui tournant le dos, un homme aux cheveux gris en qui elle reconnut sir Rupert Crofton Lee. Elle n'aurait jamais pensé qu'un personnage si considérable pût séjourner ailleurs qu'à l'ambassade. Il était là, pourtant, les yeux fixés sur le paysage. Elle remarqua une paire de jumelles accrochée au dos de son fauteuil. Elle en conclut qu'il étudiait peut-être le vol des oiseaux, comme ce jeune homme qu'elle avait connu en Angleterre et qui, à différentes reprises, avait réussi à l'entraîner en des excursions dont elle était revenue fourbue et assez déçue, du fait qu'elle n'avait pas compris quel plaisir on peut avoir à mettre un nom sur telle ou telle espèce de volatiles.

Victoria descendit et, sur la terrasse qui reliait les deux corps de bâtiment de l'hôtel, rencontra Marcus Tio.

— Sir Rupert Crofton est chez vous? lui demanda-t-elle. Il me semble l'avoir aperçu...

— Mais oui, il est ici. C'est un homme charmant.

— Vous le connaissez bien?

— Non. C'est la première fois que je le vois. Il nous a été amené hier par Mr Shrivenham, de l'ambassade anglaise. Un homme charmant, lui aussi. Seulement, celui-là, je le connais bien.

Y avait-il sur terre un homme qui ne fût pas charmant, aux yeux de l'excellent Marcus? Victoria commençait à se le demander.

Après son petit déjeuner, elle décida de se rendre, sans plus attendre, au Rameau d'Olivier. Le musée dont lui avait parlé Mrs Cardew Trench ne devait pas être tellement difficile à trouver. La pauvrette, qui n'avait jamais circulé dans Bagdad, ne se doutait guère de ce qui l'attendait!

Marcus, qu'elle rencontra de nouveau au moment où elle allait quitter l'hôtel, se fit une joie de la renseigner.

— Le musée? Il est magnifique! Plein de choses très anciennes et très intéressantes. Je n'y suis jamais allé, mais j'ai des amis, des archéologues, qui y passent leurs journées quand ils sont à Bagdad : le docteur Baker, le professeur Kalzman, le docteur Pauncefoot Jones, Mrs et Mr Mac Intyre... Ils descendent tous au Tio et ils sont tous mes amis. Et ils sont tous d'accord pour dire que le musée est extrêmement intéressant.

— Mais où se trouve-t-il?

— Vous suivez Rashid Street pendant un bon moment, vous allez jusqu'au pont Feyçal, vous le traversez et, dans Bank Street, vous prenez une rue qui mène à un petit pont et c'est là, sur votre droite. Vous demanderez Mr Betoun Evans. C'est le conseiller britannique... Un homme charmant, marié à une femme délicieuse, qui était ici pendant la guerre.

— A vrai dire, ce n'est pas tellement au musée que je veux aller. Ce que je cherche, c'est le siège d'une société, une sorte de club qui s'appelle le Rameau d'Olivier. Vous connaissez?

— Non. De toute façon, le musée, c'est loin. Vous pourriez prendre un taxi.

— Il saurait me mener au Rameau d'Olivier?

— Sûrement pas! Ici, les chauffeurs ne connaissent rien de rien! Quand on veut aller quelque part, il faut leur indiquer la route.

— Alors, j'aime autant aller à pied!

Elle partit. Bagdad ne ressemblait pas du tout à l'idée qu'elle s'était faite de la ville. Une circulation intense, des autos dont les avertisseurs claironnaient sans discontinuer, des magasins dont les vitrines regorgeaient de produits européens, des gens qui crachaient par terre après s'être raclé la gorge à grand bruit, elle n'avait rien prévu de tout cela et elle était fort surprise de ne rencontrer que très peu de femmes au visage voilé. Où était donc ce mystérieux Orient dont parlaient les livres?

Elle traversa le pont Feyçal et poursuivit sa route, s'intéressant malgré elle au spectacle de la rue. Elle se trouva devant le musée, sans même l'avoir cherché. Mais où était le Rameau d'Olivier? Ignorant l'arabe, elle posa la question à différents commerçants. Sans succès. Les agents de police étaient fort occupés à régler le trafic, à grand renfort de gestes des bras et de coups de sifflet. Elle jugea inutile de s'adresser à eux et, confiante en son étoile, continua de marcher au hasard. La chance l'aida, la guidant vers une rue dans laquelle s'ouvrait un passage étroit, du fond duquel arrivait un vacarme infernal de métal frappé et remué. Évidemment ce bazar aux cuivres, dont Mrs Cardew Trench lui avait parlé...

L'endroit la passionna et, trois quarts d'heure durant, elle oublia totalement le Rameau d'Olivier. Elle s'attarda devant les échoppes des artisans, de qui le travail était pour elle une révélation. Puis, s'enfonçant dans le dédale des ruelles, elle erra à travers les souks, bousculée par les uns et les autres, assaillie par les marchands, qui lui mettaient sous le nez ce qu'ils auraient voulu lui vendre, des peignes d'importation anglaise aussi bien que des cotonnades aux vives couleurs. Importunée de temps en temps par les mendiants, mais ravie. Elle avait enfin l'impression d'être en Orient!

Soudain, comme elle sortait d'une longue galerie voûtée, dont elle avait apprécié la fraîcheur, elle aperçut, au fond d'une petite cour carrée, une porte de couloir, surmontée d'une pancarte portant l'inscription « *Le Rameau d'Olivier* », sous un motif sculpté dans lequel on pouvait, avec un peu de bonne volonté, reconnaître une colombe.

Toute joyeuse, Victoria traversa la cour et suivit le couloir pour se trouver, finalement, dans une salle assez vaste et passablement obscure, où elle ne vit tout d'abord que quelques sièges et deux ou trois tables, couvertes de brochures et de magazines. Elle distingua ensuite, le long des murs, des rayons chargés de livres, puis, dans un coin, une jeune femme. Celle-ci, d'ailleurs, venait vers elle et lui demandait ce qu'elle pouvait faire pour elle.

Victoria l'examina. Elle portait un pantalon de velours et une chemise de flanelle d'une belle teinte orangée. Elle avait un gros nez, des cheveux très noirs, et elle était sans doute Levantine.

— Je suis... chez le docteur Rathbone?

Victoria était furieuse de ne pouvoir demander Edward. Mais elle ne savait toujours pas son nom! Mrs Cardew Trench elle-même l'appelait Edouard le Réservé!

— Exactement. Vous êtes au Rameau d'Olivier... Vous voulez joindre notre association ?

— Euh... Peut-être... Je voudrais voir le docteur Rathbone.

La jeune femme eut un sourire lourd de sens.

— Nous ne pouvons pas le déranger. Je vous donnerai tous les renseignements, je vous remettrai une formule, vous la remplirez et vous signerez. C'est deux dinars...

Cette dernière précision alarma Victoria, qui s'empressa de dire qu'elle n'avait encore rien décidé

— Auparavant, ajouta-t-elle, je désirerais voir le docteur Rathbone... ou son secrétaire.

— Mais je vous donnerai tous les renseignements! Ici, nous sommes tous des amis... Nous lisons des livres qui nous élèvent l'esprit et nous nous récitons des poèmes...

Victoria haussa le ton.

— Je tiens à voir le secrétaire du docteur Rathbone. Il m'a bien recommandé de le demander personnellement.

La jeune Levantine restait butée.

— Impossible, aujourd'hui. Je viens de vous dire...

— Et pourquoi impossible? Il n'est pas là? Et le docteur Rathbone non plus?

— Le docteur Rathbone est ici. Il est en haut, mais nous avons ordre de ne pas le déranger.

Victoria se sentait devenir mauvaise.

— J'arrive d'Angleterre et j'ai, pour le docteur Rathbone, un message de la plus haute importance. J'entends le lui remettre en main propre, et tout de suite! Je suis au regret de vous importuner, mais c'est comme ça! Il faut que je voie le docteur Rathbone. Tout de suite, vous comprenez?

Quand une Anglaise sait ce qu'elle veut et s'affirme résolue à l'obtenir, il est bien difficile de lui résister longuement. La Levantine se résigna.

— Très bien! Si vous voulez me suivre...

Elle conduisit Victoria au premier étage et bientôt la jeune femme obstinée se trouvait enfin devant le docteur Rathbone. C'était un homme d'une soixantaine d'années, au front très haut et à la chevelure blanche. Il se leva pour accueillir cette visiteuse qui venait de lui être annoncée comme arrivant d'Angleterre. Il s'avança vers elle, la main tendue et un chaleureux sourire aux lèvres.

— Ainsi, dit-il, vous venez d'Angleterre? J'imagine que c'est votre premier voyage en Orient?

— C'est exact.

— Je serais curieux de connaître vos impressions... Il faudra me les donner. Voyons, est-ce que nous nous sommes déjà rencontrés ou non? Je suis très myope et je ne crois pas que vous m'avez dit votre nom...

— Vous ne me connaissez pas, répondit Victoria, mais je suis une amie d'Edward.

— Une amie d'Edward? Parfait! Il sait que vous êtes à Bagdad?

— Pas encore!

— Ce sera pour lui une bonne surprise quand il reviendra...

— Quand il reviendra?

La voix de Victoria était à peine audible.

— Oui. Pour le moment, il est à Bassorah, où il est allé prendre livraison de quelques caisses de livres qui nous arrivent d'Angleterre et au sujet desquelles la douane nous crée des difficultés. Edward a beaucoup d'entregent, il ne se laisse pas faire, ce qui est une rare qualité, et je suis persuadé qu'il fera entendre raison à ces stupides fonctionnaires.

Souriant des yeux, il ajouta :

— Mais je ne crois pas que c'est à vous qu'il est nécessaire de faire l'éloge d'Edward...

Victoria essaya de sourire.

— Mais, demanda-t-elle à grand-peine, quand sera-t-il de retour à Bagdad?

— Ça, je l'ignore! Il ne reviendra certainement pas avant d'avoir mené sa mission à bien... et nous sommes dans un pays où l'on ne gagne rien à vouloir précipiter les choses. Dites-moi où vous êtes descendue, je vous ferai prévenir.

Victoria songeait à l'état désespéré de ses finances. D'une voix hésitante, elle dit :

— Est-ce qu'il ne me serait pas possible de... travailler ici?

— Bien sûr que si! s'écria le docteur Rathbone. Nous avons

besoin de toutes les bonnes volontés et les jeunes Anglaises sont particulièrement bienvenues parmi nous. Nous faisons de l'excellente besogne, mais ce n'est pas le travail qui nous manque! Nos volontaires nous rendent d'ailleurs des services inappréciables. Nous en avons trente et je suis convaincu que vous nous serez fort utile.

— A vrai dire, je pensais à un emploi rétribué...

Le docteur Rathbone parut soudain beaucoup moins enthousiaste.

— Ça, c'est tout autre chose et c'est beaucoup plus difficile! Notre personnel appointé est des plus réduits et, pour le moment, avec l'aide de nos bénévoles, il suffit entièrement à la tâche...

— Malheureusement, expliqua Victoria, ma situation ne me permet pas de travailler pour l'amour de l'art.

Rougissant un peu, elle ajouta :

— Je suis une très bonne sténo-dactylo...

— Je n'en doute pas, ma chère enfant, ça se lit sur votre visage! Seulement, pour nous, c'est une question de crédits. J'espère que si vous trouvez un poste ailleurs, vous nous consacrerez une partie de vos loisirs. Nous poursuivons ici une œuvre exaltante, à laquelle, j'en suis sûr, vous serez heureuse d'apporter votre concours. Il faut en finir avec les guerres, les malentendus, les haines qui déchirent le monde. Il faut rapprocher les peuples, et l'on ne peut y parvenir que par l'art et la poésie...

Lancé sur son sujet favori, le docteur Rathbone poursuivit, s'échauffant un peu :

— J'ai fait traduire le *Songe d'une nuit d'été* en quarante langues différentes. Ainsi, à l'heure actuelle, dans quarante pays différents, des jeunes gens peuvent tirer bénéfice de ce chef-d'œuvre de toutes les littératures. Le secret de notre action, c'est qu'elle s'appuie uniquement sur les jeunes! Avec les aînés, il est trop tard. Ceux qui doivent mieux se connaître, pour mieux se comprendre, ce sont les jeunes! Cette jeune fille, que vous avez vue en bas et qui vous a fait monter, c'est une Syrienne, de Damas. Elle s'appelle Catherine et elle est sensiblement du même âge que vous. Normalement, vous ne l'auriez jamais rencontrée et, à la base, il n'y a, entre vous et elle, rien de commun. Vous êtes pourtant accessibles aux mêmes beautés et c'est pourquoi, au Rameau d'Olivier, tous les pays sont représentés : la Russie, Israël, l'Irak, la Turquie, l'Arménie, l'Égypte, la Perse, etc. On lit les mêmes livres et, en confrontant les points de vue, on découvre le monde... et on travaille pour l'avenir de la civilisation et de l'humanité!

Victoria aurait eu là-dessus son mot à dire. Elle n'avait pas tellement de sympathie à priori pour les jeunes femmes du Rameau d'Olivier, toutes plus ou moins disposées à se jeter au cou d'Edward, et, en ce qui concernait plus particulièrement Catherine, il ne lui semblait pas qu'elle eût la moindre envie de faire avec elle plus ample connaissance. Cependant, intarissable, le docteur Rathbone continuait son discours :

— Edward est merveilleux : il s'entend avec tout le monde, avec les garçons, parfois pourtant assez difficiles à manœuvrer, comme avec les filles, qui, elles, sont toutes en adoration devant lui. Et Catherine la première!

Victoria se sentait moins désireuse que jamais de faire amitié avec la Levantine.

— Tout cela pour vous dire, conclut le docteur Rathbone avec un sourire, que nous serons enchantés de vous voir travailler avec nous!

C'était un congé. Victoria serra la main que le docteur Rathbone lui tendait et se retira. Au pied de l'escalier, elle passa devant Catherine, en conversation avec une jeune femme qui tenait une petite mallette à la main. C'était une jolie brune, et Victoria eut l'impression de l'avoir déjà rencontrée quelque part. Mais l'autre ne semblait pas la reconnaître. Quand Victoria était apparue en haut des marches, les deux femmes parlaient avec animation, en une langue qu'elle ne connaissait pas. Elles se turent en l'apercevant et la regardèrent. Victoria passa devant elles, en se forçant à articuler un « au revoir » presque poli, et gagna la rue.

Se fiant à son instinct de la direction, elle se remit en route vers l'hôtel. Tout en marchant, elle s'efforçait d'oublier sa situation personnelle : celle d'une jeune fille se trouvant à Bagdad pratiquement sans le sou, pour ne penser qu'au docteur Rathbone et au Rameau d'Olivier. Edward lui avait dit à Londres que l'affaire ne lui paraissait pas catholique. Faisait-il allusion au docteur Rathbone lui-même, ou au Rameau d'Olivier?

Victoria se le demandait, à peu près convaincue qu'Edward lui-même eût été bien incapable de le dire. Le docteur Rathbone était un vieux fou, qui vivait dans le rêve, mais il semblait difficile de voir en lui un escroc ou un imposteur. Évidemment, son attitude avait changé du tout au tout quand Victoria lui déclara qu'elle cherchait un emploi *rétribué*. Il aimait mieux les gens qui travaillaient pour rien.

Mais cela, aux yeux de Victoria, c'était une preuve de bon sens.

Des gens ayant horreur de payer leurs employés, Victoria en avait déjà rencontré.

A commencer, pour n'en citer qu'un, par Mr Greenholz.

CHAPITRE XII

Victoria rentra à l'hôtel, les pieds gonflés et douloureux. Confortablement installé dans un fauteuil sur la terrasse surplombant le fleuve, Marcus lui lança de loin un joyeux appel. Il tenait à lui présenter l'homme avec qui il buvait, un monsieur d'un certain âge, à la tenue passablement négligée.

— Monsieur Dakin... Mademoiselle Jones, qui nous arrive d'Angleterre... Qu'est-ce que je vous offre, mademoiselle Jones ? Un Martini ? Un *sidecar* ?

Victoria se décida pour le *sidecar*, en précisant qu'elle aimerait aussi grignoter quelques pistaches. Elle se devait de ne point négliger les aliments solides, quels qu'ils fussent.

Mr Dakin fit connaître, d'une voix morne, qu'il se contenterait d'une limonade. Marcus lui dit qu'il avait bien tort. Il n'insista pas cependant, car il venait d'apercevoir Mrs Cardew Trench. Il l'appela.

— Vous connaissez Mr Dakin, n'est-ce pas ? Qu'est-ce que vous prenez ?

— Un peu de gin, avec du citron.

Mrs Cardew Trench accorda à Dakin un petit salut désinvolte et s'adressa à Victoria :

— Vous avez l'air d'avoir chaud?

— Je me suis promenée, expliqua Victoria. Il y a tant de choses à voir!

Les boissons arrivèrent. Victoria engloutit une assiette de pistaches et une honnête quantité de pommes chips. Un nouveau personnage vint se joindre au groupe. Marcus le présenta à Victoria : le capitaine Crosbie.

— Vous êtes ici depuis longtemps? lui demanda-t-il.

— Depuis hier.

— Il me semblait bien ne vous avoir jamais rencontrée...

Marcus souriait.

— Elle est adorable, n'est-ce pas?... Je suis ravi qu'elle soit ici et je donnerai en son honneur un dîner magnifique!

— Un dîner?

Victoria n'en croyait pas ses oreilles.

— Parfaitement!... Un dîner sensationnel! Il y aura du foie gras... du foie gras de Strasbourg... du caviar, des poissons du Tigre, servis avec une sauce aux champignons extraordinaire, un dindon farci, comme on le fait chez moi, avec du riz, des raisins et des épices... et tout ça préparé par mon chef, qui est un maître... On se régalera!... Je ne parle pas pour moi. Personnellement, je ne mange pas. Mais je bois!

Victoria, à qui la description de ces viandes donnait des tiraillements d'estomac, affirma avec conviction que « ce serait merveilleux ». Elle se demandait seulement s'il était vraiment dans les intentions de Marcus de donner ce somptueux dîner, et quand.

Mrs Cardew Trench se tourna vers Crosbie :

— Je vous croyais à Bassorah.

— Je suis revenu hier.

Crosbie leva les yeux sur la façade de l'hôtel.

— Quel est cet élégant caballero que j'aperçois là-haut, sur son balcon? Le type au chapeau à large bord.

— Mais, répondit Marcus, c'est sir Rupert Crofton Lee! Il nous a été amené hier par Mr Shrivenham. C'est un homme charmant, un grand voyageur qui escalade les montagnes et se promène dans le Sahara à dos de chameau...

Crosbie hocha la tête.

— J'ai entendu parler de lui. J'ai lu son livre.

— Nous sommes arrivés par le même avion, déclara Victoria avec une indifférence affectée.

Elle eut l'impression flatteuse que Dakin et Crosbie la regardaient avec plus d'intérêt.

— Il est assez distant, ajouta-t-elle, et il a l'air de se gober énormément.

Mrs Cardew Trench sourit.

— J'ai connu une de ses tantes à Simla, dit-elle. Dans la famille, ils sont tous comme ça! Intelligents comme personne, mais fort contents d'eux-mêmes.

Victoria reprit, d'un ton nettement désapprobateur :

— Depuis ce matin, il n'a pas bougé!

— L'estomac, expliqua Marcus. Il n'a rien mangé de la journée. Lamentable!

Il fit signe au barman.

— Donne-nous à boire!

— Pas pour moi! dit Victoria. J'ai fini!

Dakin acheva sa limonade, puis prit congé, ainsi que Crosbie, qui, lui aussi, regagnait sa chambre.

Mrs Cardew Trench donna un léger coup d'ongle sur le verre de Dakin.

— Toujours la limonade! C'est mauvais signe!

— Qu'est-ce qui est mauvais signe? demanda ingénument Victoria.

— Qu'un homme ne boive que lorsqu'il est seul.

— Que voulez-vous, dit Marcus avec bonne humeur, c'est comme ça, c'est comme ça!

Victoria s'étonna.

— Il boit vraiment?

— C'est même pour cela que sa situation ne s'améliore pas, répondit Mrs Cardew Trench. Il s'arrange pour garder sa place, mais c'est tout!

— N'empêche, déclara Marcus, que c'est un brave homme!

Mrs Cardew Trench fit la moue.

— C'est surtout une chiffe molle! Pas de nerfs, pas de cran! Un pauvre type que l'Orient a liquéfié, comme bien d'autres!

Victoria, peu après, monta à sa chambre. Elle se déchaussa et s'allongea sur son lit, pour réfléchir. Son capital, qui s'élevait à quelque chose comme trois livres, était sérieusement hypothéqué : elle devait déjà devoir beaucoup plus que cela à Marcus Tio. Ledit Marcus ayant le verre facile, Victoria, à condition de se nourrir exclusivement d'alcools, de pistaches, d'olives et de pommes *chips*, pouvait espérer résoudre heureusement le problème alimentaire pour les deux ou trois jours à venir. Mais Marcus finirait bien par lui présenter sa note. Combien de temps admettrait-il qu'elle restât impayée? Elle n'en avait pas la moindre idée. Évidemment, elle aurait dû, et depuis longtemps, chercher un hôtel meilleur marché. Mais pouvait-elle raisonnablement espérer en trouver un dans un pays où il lui était à peu près impossible de se faire comprendre? Isolée, sans argent, dans une ville inconnue et étrangère, elle ne savait où aller pour demander du travail, ni même quel travail demander. Edward reviendrait de Bassorah. Mais quand? Et se souviendrait-il seulement d'elle? Elle avait eu cent fois tort de voler vers Bagdad, comme la dernière des idiotes! Edward, après tout, qui était-ce? Un jeune homme comme il en existait des milliers, gentil, aimable et beau parleur. Elle ne savait même pas son nom! Et l'aurait-elle connu que ça n'aurait rien changé, puisque, ignorant son adresse, elle n'aurait pas pu lui télégraphier! Elle ne savait rien et elle ne pouvait demander conseil à personne. Marcus n'était pas un mauvais type, mais il n'entendait rien de ce qu'on lui disait, Mrs Cardew Trench était du genre soupçonneux, Mrs Hamilton Clipp avait quitté Bagdad, le docteur Rathbone ne se souciait pas d'elle...

Et, pourtant, il lui fallait de l'argent! Un emploi, n'importe lequel! Coller des timbres, garder des enfants, servir dans un restaurant... Si elle ne trouvait rien, il ne lui resterait plus qu'à se rendre au consulat et à se faire rapatrier. Edward, dès lors, sortirait de sa vie pour toujours.

Elle en était là de ses réflexions quand, brisée, elle s'endormit.

***

Elle se réveilla quelques heures plus tard. Considérant que mieux vaut être pendu pour un bœuf que pour un œuf, elle décida de descendre au restaurant et de s'offrir un solide repas. Quand elle eut fini, elle se sentit alourdie, mais réconfortée.

« Inutile de se casser la tête! se dit-elle. Nous verrons demain. D'ici là, il y aura peut-être du nouveau! Qui sait si je n'aurai pas une idée, ou si Edward ne sera pas de retour? »

Avant de se mettre au lit, elle alla faire quelques pas sur la terrasse, le long du fleuve. Pour les gens habitués à vivre à Bagdad, la température était d'une rigueur hivernale et il n'y avait personne dehors, à l'exception d'un garçon du restaurant qui, penché sur le parapet, semblait absorbé dans la contemplation de l'eau. Quand il aperçut Victoria, il s'éloigna vivement, disparaissant dans l'hôtel par une porte de service.

Victoria, pour qui la nuit n'était qu'une nuit d'été un peu fraîche, prolongea sa promenade quelques instants. Le Tigre, sous le clair de lune, prenait une beauté nouvelle et le regard de la jeune fille s'attarda longuement sur l'autre rive du fleuve, sombre et mystérieuse, derrière son rideau de palmiers.

Quand Victoria fut rentrée, le garçon qui s'était éclipsé à son approche vint achever son travail interrompu : il attachait au parapet une corte à nœuds qui descendait jusqu'à la berge.

Une silhouette s'approcha dans l'ombre.

— Tout va bien? demanda le garçon.

— Oui, monsieur. Rien à signaler.

Sa besogne terminée, Mr Dakin retira sa veste blanche de garçon de restaurant, passa son ordinaire veston bleu et, d'un pas tranquille, gagna l'extrémité de la terrasse. Il s'arrêta en haut de l'escalier à la rue en contrebas et attendit. Bientôt, Crosbie, sortant du bar, venait le rejoindre.

— Il commence à faire frisquet, le soir, dit Crosbie. Evidemment, arrivant de Téhéran, vous vous en rendez moins compte.

Dakin ne répondit pas et, un instant, les deux hommes fumèrent en silence. Puis Crosbie parla.

— La petite, qui est-ce?

— La nièce de l'archéologue Pauncefoot Jones, à ce qu'il paraît.

— Ah?... C'est possible... Seulement, qu'elle soit arrivée par le même avion que Crofton Lee...

— Il est toujours plus sûr de procéder à des vérifications. Ça ne peut pas nuire!

Un nouveau silence suivit. Puis Crosbie dit :

— Vous croyez vraiment qu'il valait mieux tout transférer de l'ambassade à l'hôtel?

— Je le crois.

— Bien que tout ait été prévu là-bas dans les moindres détails?

— A Bassorah aussi tout était prévu dans les moindres détails... Et, pourtant, les choses ont mal tourné.

— Au fait, Salah Hassan a été empoisonné.

— Ça devait arriver! A-t-on des raisons de penser qu'on a essayé de tenter quelque chose au consulat?

— C'est très possible. Il y a eu un incident curieux. Un type a sorti un revolver... Richard Baker lui a sauté dessus et l'a désarmé...

— Richard Baker, dit lentement Dakin.

— Vous le connaissez?

— Je le connais.

Après un nouveau silence, Dakin reprit :

— L'improvisation!... Je table là-dessus. Si, pour reprendre votre expression, nous prévoyons tout dans les moindres détails, l'adversaire a la tâche facile, s'il vient à connaître nos plans. A mon avis, Carmichaël n'arriverait pas jusqu'à l'ambassade... et y arriverait-il...

Dakin n'acheva pas sa phrase, mais le sens était clair.

— Ici, à l'hôtel, poursuivit Dakin, nous ne sommes que deux à être au courant : vous et moi.

— Mais *ils* apprendront que Crofton Lee a quitté l'ambassade pour venir ici.

— Ils l'apprendront, c'est inévitable. Mais ce que vous ne paraissez pas voir, Crosbie, c'est que, quoi qu'ils tentent contre ce que nous aurons improvisé, ils devront, eux aussi, l'improviser. Le Tio est, dans l'affaire, un élément nouveau. Personne n'a pu venir s'y installer il y a six mois pour y manigancer quelque chose. Jamais il n'a été question de fixer au Tio le rendez-vous.

Dakin consulta sa montre et ajouta :

— Je vais voir Crofton Lee

La porte de sir Rupert s'ouvrit avant qu'il n'eût frappé. La pièce n'était éclairée que par une lampe minuscule, placée près du fauteuil que Crofton Lee avait quitté pour aller accueillir son visiteur. Avant de se rasseoir, Crofton Lee posa sur la table le petit pistolet automatique qu'il tenait à la main.

— Alors, Dakin? demanda-t-il. Vous pensez qu'il viendra?

— Je le crois, sir Rupert. Vous ne l'avez jamais rencontré?

Crofton Lee secoua la tête.

— Non. Je serai content de faire sa connaissance. Ce jeune homme, Dakin, doit avoir un certain cran.

— Il en a, déclara Dakin. Et beaucoup!

Il était surpris, et surtout peiné, que sir Rupert eût cru devoir rendre hommage au « cran » de Carmichaël.

— Je ne parle pas de son courage, reprit Crofton Lee. Il a fait une guerre magnifique. Je fais allusion à autre chose, à...

Il cherchait un mot.

— A son imagination? suggéra Dakin.

— Si vous voulez! Il a eu le cran de croire quelque chose qui était tout à fait improbable, le cran de risquer sa vie pour prouver qu'une fable ridicule n'était pas du tout une fable... Ça demande une qualité d'homme qui ne se rencontre pas souvent chez les jeunes gens d'aujourd'hui. J'espère qu'il viendra.

— Je crois qu'il viendra.

— Toutes vos dispositions sont prises?

— Toutes. Crosbie sur le balcon, moi dans le couloir, surveillant l'escalier. Quand Carmichaël arrivera chez vous, frappez à la cloison, je viendrai.

— Bien.

Sans bruit, Dakin quitta la pièce pour gagner, tout à côté, sa propre chambre, d'où, par la porte légèrement entrouverte, il apercevait le haut de l'escalier. Sa veille commençait.

C'est seulement quatre heures plus tard, qu'une *gufa*, une des embarcations primitives qui circulent sur le Tigre, vint silencieusement s'immobiliser sur la rive boueuse du fleuve, non loin du Tio Hotel. Quelques instants plus tard, une mince silhouette entreprenait l'ascension de la corde à nœuds accrochée à la balustrade de la terrasse.

Sur la façade du Tio, une autre corde, attachée à un balcon, pendait vers le sol dans l'ombre épaisse des eucalyptus et des arbres de Judée.

CHAPITRE XIII

Victoria s'était promis de faire une bonne nuit et d'oublier ses soucis jusqu'au lendemain matin. Mais, comme elle avait dormi une grande partie de l'après-midi, le sommeil la fuyait.

Quand elle en eut pris son parti, elle fit la lumière et s'occupa. Elle termina la lecture d'une nouvelle qu'elle avait commencée dans l'avion, elle essaya ses bas de nylon, elle rédigea quelques projets de « demande d'emploi », puis écrivit à Mrs Hamilton Clipp deux ou trois lettres, qu'elle déchira, les histoires qu'elle avait imaginées pour expliquer à la brave dame pourquoi elle était « en panne » à Bagdad ne lui ayant pas donné satisfaction. Elle essaya une nouvelle coiffure et, finalement, un bâillement lui ayant révélé qu'elle avait enfin sommeil, elle se recoucha.

Presque aussitôt, la porte de sa chambre, brusquement ouverte, livrait passage à un homme qui se retourna pour la fermer à clé derrière lui.

— Au nom du ciel, murmura-t-il, cachez-moi! Vite!

Victoria avait toujours eu des réactions rapides. D'un coup d'œil, elle avait enregistré l'essentiel : l'essoufflement de l'homme, sa voix qui s'entendait à peine, la façon enfin dont sa main se crispait sur le vieux foulard rouge qui lui couvrait la poitrine. La pièce ne comportait que peu de cachettes possibles. Victoria, pensant aux jeux de son enfance, songea tout de suite à la meilleure : le lit, qui était très vaste.

— Dépêchez-vous! dit-elle.

Elle se leva, écartant les couvertures, et fit entrer l'homme dans le lit. Elle le couvrit, jeta deux oreillers par-dessus et s'assit sur le bord du lit. Au même instant, on frappait à la porte.

— Qui est là?

Une voix d'homme répondit :

— Ouvrez! C'est la police!

Victoria endossa sa robe de chambre et se dirigea vers la porte. Apercevant sur le plancher le foulard rouge de son mystérieux visiteur, elle le ramassa et le glissa vivement dans un des tiroirs de la commode. Après quoi, elle ouvrit. Elle se trouva devant un jeune homme aux cheveux très noirs, en veston gris clair. Derrière lui se tenait un policier en uniforme.

— Qu'est-ce qui se passe? demanda-t-elle d'une voix qu'elle faisait trembler exprès.

Le jeune homme répondit, dans un anglais très passable :

— Nous sommes, mademoiselle, désolés de vous déranger à une heure pareille, mais nous poursuivons un criminel qui s'est évadé. Il est entré dans l'hôtel et nous jetons un coup d'œil dans les chambres. C'est un individu extrêmement dangereux...

— Mon Dieu!

Victoria ouvrit la porte toute grande et fit entrer les policiers. Leur inspection ne dura qu'un instant.

— Il n'est pas ici.

— Vous êtes sûrs? Evidemment, j'ai fermé ma porte à clé avant de me mettre au lit, mais...

— Rassurez-vous, mademoiselle! Vous pouvez vous recoucher.

— Je vais quand même refermer à clé derrière vous. C'est plus sûr!

— Ça vaut mieux, en effet. Merci encore, mademoiselle, et bonne nuit!

Les deux hommes partis, Victoria les entendit qui frappaient de l'autre côté du couloir à la porte située en face de la sienne. Bientôt s'élevaient les accents indignés de la voix de Mrs Cardew Trench, protestant contre une visite domiciliaire inadmissible. Puis la porte se ferma pour se rouvrir un instant plus tard. Peu après, les policiers frappaient à une autre porte plus éloignée.

Victoria alla vers son lit. Elle commençait à se dire qu'elle avait vraisemblablement commis une folie. Venir au secours de quelqu'un parce qu'il est traqué et parle votre langue, c'est très romantique, mais, quand ce quelqu'un est un bandit ça peut vous mener loin! Victoria s'en avisait. Un peu tard.

Elle s'arrêta près du lit et dit seulement :

— Allez, debout!

Rien ne bougea. Sans élever la voix, elle reprit :

— Ils sont partis. Vous pouvez vous montrer!

Même silence, même immobilité. D'un geste brusque, Victoria ouvrit la couverture. L'homme ne fit pas un mouvement. Il avait les yeux clos et son visage était d'un gris de cendre. En même temps, Victoria aperçut sur la couverture une petite tache d'un brun rougeâtre. Épouvantée, elle murmura :

— Non!... non, *pas ça*!

Au même instant, le blessé ouvrit les yeux et son regard chercha celui de la jeune fille. Ses lèvres remuèrent, mais sa voix était si faible que ce fut à peine si Victoria l'entendit. Elle se pencha sur lui.

— Qu'avez-vous dit?

Cette fois, elle entendit. Deux mots qu'elle n'était pas sûre d'avoir bien compris, deux mots qui semblaient n'avoir aucun sens :

— *Lucifer... Bassorah...*

L'homme battit des paupières et son regard prit une étrange fixité. Articulé au prix d'un immense effort, un mot encore, un nom propre, sortit de sa bouche, puis sa tête se renversa en arrière et il ne bougea plus.

Victoria, dont le cœur battait à se rompre, resta immobile. Cet homme qui venait de mourir sous ses yeux, elle le plaignait de toute son âme. Mais que devait-elle faire? Elle n'en avait pas la moindre idée. Appeler quelqu'un? Mais qui? Et que dirait-elle quand la police — et c'était inévitable — lui demanderait des explications?

Un bruit lui fit tourner la tête : la clé de sa chambre venait de tomber sur le plancher. Presque aussitôt la porte s'ouvrit devant Mr Dakin qui entra dans la pièce d'un pas tranquille.

— Beau travail, ma chère! dit-il à mi-voix. Vous pensez vite et vous agissez de même. Comment va-t-il?

Victoria répondit d'une voix blanche :

— Je crois qu'il est... *mort.*

Elle eut l'impression qu'une flamme de colère passait dans les prunelles de Dakin. Mais, tout de suite, l'homme retrouva son air habituel, avec pourtant quelque chose de changé. Le visage était celui d'un homme énergique et décidé, très différent du Dakin que Victoria connaissait.

Dakin se pencha sur le lit et ouvrit la veste du mort.

— Un coup de poignard en plein cœur, dit-il en se relevant. C'était un brave garçon... et un brave.

Victoria retrouvait sa voix.

— Tout à l'heure, des policiers sont venus. Ils ont dit que c'était un criminel. C'était *vraiment* un criminel?

— Non. Certainement pas!

— Et eux! C'étaient vraiment des policiers?

— Je l'ignore. C'est possible. D'ailleurs, ça ne change rien.

Après un silence, il reprit :

— Avant de mourir il a dit quelque chose?

— Oui.

— Quoi?

— Il a dit : « Lucifer », puis « Bassorah »... Et puis un nom qui m'a paru un nom français... Mais j'ai peut-être mal entendu...

— Quel nom?

— Lefarge, je crois...

— Lefarge...

A son tour, Victoria interrogea :

— Qu'est-ce que ça signifie tout ça, et qu'est-ce que je dois faire?

— Nous allons faire tout le possible pour que vous ne soyez pas mêlée à cette histoire-là, dit Dakin. Quant à ce qu'elle signifie, je reviendrai vous voir tout à l'heure et nous causerons. La première chose à faire, c'est de joindre Marcus. Nous sommes chez lui et, encore que sa conversation ne le laisse guère supposer, c'est un garçon qui a beaucoup de bon sens. Je vais aller le chercher. Il n'est qu'une heure et demie et je doute fort qu'il soit déjà couché. Attendez-moi, je reviens!

Durant l'absence de Dakin, Victoria agissant comme en un rêve, se recoiffa et se repoudra. Elle était écroulée dans un fauteuil quand Dakin revint avec Marcus Tio. L'hôtelier, pour une fois, avait perdu son éternel sourire.

— Marcus, dit Dakin, il faut que vous nous donniez un coup de main. Le type est entré en coup de vent... Il était à bout de forces et, parce qu'elle a bon cœur, miss Jones l'a caché... La police le poursuivait. Maintenant, il est mort. Elle a sans doute eu tort de faire ce qu'elle a fait, mais on ne peut pas reprocher à une jeune fille d'avoir cédé à une impulsion généreuse.

— Vous voulez que je m'occupe des policiers? demanda Marcus. Je ne les aime pas, mais, dans mon métier, il vaut mieux être bien avec eux et je peux...

— Ce que nous voudrions, reprit Dakin, c'est simplement enlever le corps sans attirer l'attention.

— Ça, je ne demande pas mieux! Je ne tiens pas du tout à ce qu'on découvre un cadavre dans mon hôtel. Seulement, comment faire?

— Je crois qu'on peut arranger ça, dit Dakin. Est-ce qu'il n'y a pas un médecin dans votre famille?

— Si, Paul, mon beau-frère. C'est un très chic gars, mais je ne voudrais pas lui attirer des ennuis...

— Il n'en aura pas. Pour commencer, nous portons le corps dans ma chambre, comme ça miss Jones n'est plus dans le coup. Ensuite j'empoigne votre téléphone et, dix minutes plus tard, venant de la rue, un homme saoul à rouler arrive à l'hôtel. Il demande à me voir, grimpe l'escalier en se cramponnant à la rampe et, une fois chez moi, il s'évanouit. Je vous appelle, je réclame un médecin et vous m'expédiez votre beau-frère. Il fait venir une ambulance et il s'en va avec elle en emmenant mon ami le pochard, lequel meurt durant le trajet de l'hôtel à l'hôpital. Il avait reçu un coup de poignard dans le cœur. Pour vous, tout est bien. Le type avait été attaqué dans la rue avant d'entrer dans l'hôtel.

— Mon beau-frère laisse le cadavre à l'hôpital et demain matin le faux ivrogne s'en va le plus tranquillement du monde. C'est bien ça?

— Exactement.

— Conclusion : on ne trouve pas de macchabée chez moi et miss Jones n'a aucun ennui. L'idée me paraît excellente.

— Parfait. Alors, trouvez un moyen d'occuper votre personnel pendant que je transporterai le corps jusqu'à ma chambre. Vos garçons traînent dans les couloirs jusqu'à des heures impossibles...

— Entendu! dit Marcus. Je les rassemble pour quelques observations urgentes.

Marcus sorti, Dakin se tourna vers Victoria :

— Croyez-vous que vous pourrez m'aider à le porter?

Victoria répondit oui d'un signe de tête et, quelques instants plus tard, le mort reposait sur le lit de Dakin.

— Vous avez des ciseaux? dit alors Dakin. Bon. Alors, rentrée chez vous, vous taillerez dans la couverture pour enlever le morceau taché de sang. Dans une heure j'irai vous retrouver.

Victoria se mettait en route. Il la rappela.

— Attendez! Avant de partir, buvez donc une gorgée de ça!

Il lui tendait une petite fiole de cognac. Victoria la prit et porta le goulot à ses lèvres.

— Très bien! dit Dakin. Maintenant, regagnez votre chambre et, dès que vous le pourrez, éteignez la lumière. Dans une heure, je serai chez vous...

— Et vous m'expliquerez ce que tout ça signifie?

Dakin regarda longuement la jeune fille, mais la question resta sans réponse.

CHAPITRE XIV

Couchée dans le noir, Victoria écoutait. Il y eut les échos d'une discussion à laquelle participait un ivrogne, évidemment fort peu respectueux du repos d'autrui, puis des sonneries retentissant dans les couloirs, des chuchotements, des bruits de pas, tout un remue-ménage, suivi d'un long silence, troublé seulement par un phonographe qui, dans une chambre éloignée, jouait des airs de musique arabe. Victoria avait le sentiment qu'elle attendait depuis des heures quand sa porte s'ouvrit doucement. Elle alluma sa lampe de chevet. Dakin s'assit près du lit, et sans rien dire, considéra longuement la jeune fille du regard, comme un médecin examinant un malade avant de prononcer son diagnostic.

Ce fut Victoria qui parla la première.

— Alors, vous me dites tout ce que ça signifie?

— Si auparavant, nous parlions de vous? répondit Dakin, Si vous me disiez ce que vous faites ici et ce qui vous a amenée à Bagdad?

Probablement impressionnée par la forte personnalité de Dakin, Victoria, pour une fois, n'essaya pas de mentir. Très simplement et sans rien cacher, elle raconta tout : sa rencontre avec Edward, sa résolution d'aller à Bagdad coûte que coûte, le miracle Hamilton Clipp et, pour finir, sa présente détresse financière.

— Compris! dit Dakin.

Après un long moment de silence, il reprit :

— Je ne dis pas que je n'aimerais pas vous tenir à l'écart de toute cette affaire, encore que je n'en sois pas absolument sûr, mais c'est *absolument impossible*. Que ça me plaise ou non, vous êtes dedans jusqu'au cou! Dans ces conditions-là, pourquoi ne travailleriez-vous pas *pour moi?*

Victoria rougit de plaisir :

— Vous avez un emploi à me proposer?

— Peut-être. Mais très différent de ceux auxquels vous pensez. C'est du travail... dangereux.

— Qu'est-ce que ça peut faire? répliqua Victoria avec bonne humeur. Ce n'est pas malhonnête, non? Parce que je débite des tas de mensonges, c'est entendu, mais je ne voudrais pas faire quelque chose qui ne serait pas propre...

Dakin eut un curieux petit sourire.

— Si paradoxal que ce soit, dit-il, c'est justement parce que vous savez très bien mentir que j'ai pensé à vous. Rassurez-vous, il ne s'agit de rien que de très honnête. Vous êtes du côté de l'ordre et de la loi. Je vais vous donner des explications très générales, mais qui suffiront pour que vous compreniez ce que vous faites et ce que peuvent être les dangers auxquels j'ai fait allusion. Vous semblez ne pas manquer de bon sens et j'imagine donc que vous n'avez jamais beaucoup réfléchi aux grands problèmes de la politique mondiale.

Victoria en convint.

— Tout ce que je sais, ajouta-t-elle, c'est que tout le monde dit que nous aurons encore la guerre un jour ou l'autre.

— On le dit, en effet. Et savez-vous pourquoi?

Victoria fronça le front.

— Eh bien! à cause de la Russie... des communistes... des États-Unis...

— Je vois que vous avez quand même lu quelques journaux et écouté la radio de temps en temps, reprit Dakin. Ce que vous venez de dire n'est d'ailleurs pas inexact. Que deux idéologies s'opposent dans le monde et que, pour l'opinion publique, elles soient représentées, l'une par la Russie communiste, l'autre par les États-Unis d'Amérique, ce n'est que trop vrai. Cela admis, Victoria, notre seul espoir pour l'avenir réside dans la paix, qui peut être maintenue si, tout en reconnaissant la différence de leurs conceptions, les tenants de ces deux idéologies décident de se contenter d'appliquer leurs principes dans leur sphère respective, ou encore s'ils arrivent à s'entendre ou, au moins, à se supporter. Malheureusement, c'est le contraire qui est en train de se produire et, entre les deux mondes, le fossé se creuse chaque jour un peu plus. Des gens, pourtant, ont fini par se demander si cette cassure n'était pas voulue par une troisième puissance, occulte celle-là, et jusqu'à présent ignorée. Chaque fois qu'un accord est en vue, chaque fois qu'un rapprochement paraît possible, un incident survient qui fait tout échouer. Chacun retrouve ses soupçons, ses craintes, ses angoisses. Cela, Victoria, ce n'est pas l'effet du hasard. C'est calculé, c'est *voulu.*

— Voulu? Mais par qui et pourquoi?

— Pourquoi? Pour bien des raisons, probablement, dont l'une, et non la moindre est, croyons-nous, l'argent. Tout ce qui se passe dans le monde s'explique par lui. Sans lui, rien n'est possible et, dans le cas qui nous occupe, son origine est suspecte. D'où vient-il? Une grève, qui met en question l'existence d'un gouvernement qui travaille au relèvement du pays, éclate quelque part en Europe? Elle est fomentée par des travailleurs qui, en toute honnêteté, croient défendre leurs intérêts. Mais d'où vient l'argent qui a permis de l'organiser et qui permettra de la prolonger? Cherchez! Ce ne sont pas les communistes qui l'ont fourni. Une vague d'anticommunisme déferle sur les États-Unis? Là encore, l'origine des fonds demeure mystérieuse. Ils passent, certes, par les mains des capitalistes, mais ce ne sont pas eux qui les ont « faits ». Enfin, des sommes d'argent considérables disparaissent de la circulation, sans qu'on ait la moindre idée de ce qu'elles ont pu devenir. Sur différentes places, on achète en quantité énorme des diamants, des pierres précieuses. Dix transactions et il n'en reste plus trace.

— Mais...

— Bien entendu, Victoria, le tableau est très schématique. Ce que je voudrais vous faire comprendre, c'est qu'il existe un groupe dont les intentions demeurent encore obscures, qui a intérêt à entretenir toutes les suspicions, toutes les divisions, toutes les incompréhensions. Nous avons des raisons de penser que ce groupe possède, dans tous les pays, des agents dont certains sont sur place depuis longtemps. Les uns ont de très grosses situations, les autres jouent un rôle infiniment plus modeste, mais tous sont attelés à la même besogne. Ils forment une sorte de « cinquième colonne », travaillant, non pas à l'échelle nationale, mais à l'échelle mondiale.

— Mais ces gens, qui sont-ils?

— Ils n'ont pas, croyons-nous, une nationalité déterminée, mais ils ont tous une même crainte : ils ont peur que le monde ne devienne meilleur. Ils s'imaginent qu'on peut, par la force, imposer au monde la loi de quelques-uns, que certains « surhommes », dont ils sont, doivent soumettre à leurs volontés, une humanité décadente. Ils commettent tout ensemble une erreur monumentale et le péché d'orgueil, et vous n'ignorez pas...

Dakin coupa net sa phrase, toussota et reprit :

— Mais je ne veux pas vous gratifier d'un sermon. Revenons aux faits! Ce groupe, que je regrette de ne pouvoir désigner de façon plus précise, exerce son activité dans différents centres. Il y en a un en Argentine, un au Canada, un autre — et peut-être plusieurs — aux États-Unis, un autre encore, c'est probable, en Russie. En ces deux dernières années, vingt-huit savants, de nationalités diverses, ont disparu comme par enchantement. Nul ne sait ce qu'ils sont devenus. La même aventure est arrivée à des aviateurs, à des ingénieurs et à des techniciens. Tous, il faut le remarquer, étaient jeunes, ambitieux et, généralement, sans liens de famille. Où sont-ils maintenant? Nous l'ignorons, mais nous commençons à avoir quelques idées sur ce qu'ils peuvent faire.

Victoria écoutait avec une attention passionnée. Dakin poursuivit :

— On dirait volontiers qu'à l'époque où nous vivons il n'est pas un pays dans lequel on puisse créer des usines et produire dans le secret le plus absolu. Pourtant, il existe encore des coins reculés, éloignés des grandes routes commerciales et protégés par de hautes montagnes et des zones désertiques, des endroits où l'étranger se heurte à des populations hostiles et où n'ont atteint encore que quelques rares voyageurs. Il pourrait se passer là des choses dont le monde extérieur ne saurait jamais rien. Il en est un, que je ne désignerai pas plus clairement, qu'on peut gagner par la Chine ou en franchissant la chaîne de l'Himalaya. Le voyage est long et difficile. Malgré cela, on a, de tous les points du globe, amené là du matériel et du personnel, l'un et l'autre détournés de leur destination prétendue, ostensiblement annoncée au départ. Un homme a suspecté quelque chose, un homme exceptionnel. Il était né à Kachgar, il parlait toutes les langues et tous les dialectes de l'Orient et il avait partout des amis et des contacts. Il a trouvé la piste et l'a suivie. Quand il revint dans le monde civilisé, son rapport parut à ses chefs si incroyable qu'ils se refusèrent à y croire. Il finit par admettre qu'il avait eu la fièvre et mal compris ce qu'il avait entendu, ou qu'il l'avait rêvé. Deux personnes pourtant croyaient à la véracité de ses dires. La première, c'était moi. L'impossible arrive si souvent que je ne suis jamais sceptique. L'autre était...

Dakin hésita.

— L'autre était...?

— L'autre était sir Rupert Crofton Lee, un grand voyageur qui, pour avoir lui-même visité ces régions perdues, sait qu'elles peuvent réserver d'étonnantes surprises. Mon attitude et celle de sir Rupert décidèrent Carmichaël — c'était le nom de l'homme en question — à aller sur place chercher la vérité. L'entreprise était hasardeuse, mais il était plus qualifié que quiconque pour la mener à bien. Cela se passait il y a neuf mois. Nous n'avons eu de ses nouvelles qu'il y a quelques semaines. La certitude qu'il voulait, il l'avait. Il revenait avec des preuves. Mais l'adversaire l'avait découvert, l'adversaire pour qui il était d'une importance capitale qu'il ne pût arriver au terme de son voyage de retour. Les frontières furent surveillées par ses ennemis et des innocents furent sacrifiés, parce qu'ils avaient été pris pour Carmichaël. Une vie humaine, qu'est-ce que c'est? Pourtant, Carmichaël passa. Sain et sauf... jusqu'à ce soir...

— L'homme qui a été... tué, c'était *lui?*

— C'était lui, oui. *Un homme...*

— Et ces preuves qu'il rapportait, *ils* les lui ont prises?

L'ombre d'un sourire passa sur le visage de Dakin.

— Connaissant Carmichaël, j'en doute. Ils ne doivent pas les avoir. Seulement, il est mort sans avoir pu nous faire savoir où elles sont et qui les détient. Il a essayé... Lucifer, Bassorah, Lefarge... Ce sont sans doute les mots-clés... Il était passé par Bassorah et s'était rendu au consulat pour y faire son rapport, mais il faillit y être assassiné dans l'antichambre...

Ces preuves, je crois qu'il les a laissées quelque part à Bassorah et je voudrais, Victoria, que vous alliez les chercher.

— Moi?

— Oui, Vous! Vous manquez d'expérience et vous ne savez pas ce que vous cherchez, mais vous avez recueilli les dernières paroles de Carmichaël et, quand vous serez là-bas, peut-être vous donneront-elles une idée... Qui sait? La veine des débutants, ça existe!

— J'adorerais aller à Bassorah!

Victoria avait mis dans cette exclamation tant de conviction que Dakin sourit, presque malgré lui.

— Parce que votre amoureux y est en ce moment? Bravo! Le prétexte est excellent. Une idylle authentique? Nous ne trouverons pas mieux! Vous irez à Bassorah, vous ouvrirez vos yeux et vos oreilles et vous regarderez autour de vous. Je ne puis vous donner aucune instruction... et je crois, d'ailleurs, que c'est préférable. Vous ne me paraissez manquer ni d'imagination, ni d'esprit d'initiative Ce que veulent dire les mots « Lucifer » et « Lefarge », si tant est que vous ayez entendu correctement, je n'en sais rien. J'incline à croire avec vous que « Lefarge » est un nom propre. Tâchez de trouver un Lefarge!

— Mais, demanda Victoria, comment me rendrai-je à Bassorah et avec quel argent?

Dakin tira son portefeuille de sa poche et tendit à la jeune fille une liasse de billets.

— Pour l'argent, voici! Pour ce qui est du voyage, demain matin vous irez faire la conversation à cette vieille pie de Mrs Cardew Trench et vous lui direz que vous tenez à visiter Bassorah avant de rejoindre cette mission à laquelle vous êtes censée appartenir. Vous lui demanderez de vous indiquer un hôtel. Elle vous répondra qu'on sera ravi de vous héberger au consulat et elle enverra un télégramme à Mrs Clayton. C'est problablement chez les Clayton que vous rencontrerez

Edward. Tous les Anglais passant par Bassorah séjournent chez eux. Pour finir, un conseil : s'il vous arrivait quelque chose de... désagréable, si on vous demande ce que vous savez et pour le compte de qui vous travaillez, n'essayez pas d'être héroïque! Lâchez le paquet!

Victoria ne cacha pas sa satisfaction :

— Ça me fait plaisir ce que vous dites là, et je vous en suis bien reconnaissante! Je suis douillette comme tout et, si l'on me torturait, je ne tiendrais pas le coup!

— On ne vous torturera pas, dit Dakin. La torture, c'est vieux jeu! Une petite piqûre et, sans même vous en rendre compte, vous répondez en toute sincérité à toute les questions qu'on veut bien vous poser! C'est pourquoi je tiens à ce que vous ne vous figuriez pas que vous devez à tout prix garder le secret sur ce que je vous ai dit. Vous ne *leur* raconterez que des choses qu'*ils* savent déjà. Après les événements de ce soir, ils ne peuvent pas conserver beaucoup d'illusions sur mon compte... non plus que sur celui de sir Rupert.

— Et Edward? Je le mets au courant?

— Ça, c'est à vous de voir! En principe, vous ne parlez à personne de ce que vous faites à Bassorah. Dans la pratique...

Dakin se leva sans finir sa phrase.

— Si vous lui parlez, reprit-il, il court des risques, lui aussi. C'est un aspect de la question. Mais il a été aviateur, il s'est bien battu et j'imagine que le danger ne lui fait pas peur. Alors, comme deux têtes valent souvent mieux qu'une seule... Vous m'avez dit que ce Rameau d'Olivier, pour lequel il travaille, ne lui paraissait pas très catholique? C'est intéressant... Très intéressant...

— Pourquoi?

— Parce que c'est notre impression à nous aussi.

Après un silence, il ajouta :

— Deux choses encore et je m'en vais! *Primo*, vous me

pardonnerez de vous dire ça, ne vous lancez pas dans des mensonges trop compliqués! On s'y perd et c'est gênant. Je sais que vous êtes une manière de virtuose, mais quand même... Des mensonges simples, ça vaut mieux!

— Je m'en souviendrai, dit Victoria avec toute l'humilité convenable. Ensuite?

— Ouvrez vos oreilles et si vous entendez prononcer le nom d'Anna Scheele, ouvrez-les plus encore!

— Anna Scheele? Qui est-elle?

— Nous ne savons d'elle que fort peu de chose et, justement, nous aimerions bien en savoir plus long!

CHAPITRE XV

1

— L'Airport Hotel? s'écria Mrs Cardew Trench. Mais vous n'y pensez pas! Vous devez loger au consulat. Les Clayton seront ravis de vous avoir! Je les connais depuis des années. Nous allons leur télégraphier et vous partirez par le train de ce soir. Ce sont de vieux amis du docteur Pauncefoot Jones...

Victoria rougit discrètement. L'évêque de Llangow, muté à Languao, était décidément plus pratique que ce docteur Pauncefoot Jones, qu'on risquait de rencontrer à tous les tournants.

Le voyage présenta pour Victoria tous les attraits de la nouveauté. Sans doute, le train n'avait d'un express que le nom, mais Victoria commençait à comprendre que l'impatience est un défaut d'Occidental.

Une voiture officielle l'attendait à la gare. Le consulat occupait une grande villa. Les jardins étaient magnifiques et un balcon courait autour de la maison, à la hauteur du premier étage. Mrs Clayton descendit les marches du perron, pour venir à la rencontre de la jeune fille.

— Nous sommes enchantés de vous voir, dit-elle avec un charmant sourire. Bassorah est très agréable en cette saison et on serait impardonnable de quitter l'Irak sans y avoir passé quelques jours. Les gens le savent et il nous arrive d'être dans l'impossibilité absolue de loger nos visiteurs. Ce n'est pas le cas en ce moment, heureusement, car nous n'avons personne, exception faite d'un jeune collaborateur du docteur Rathbone. Il est très gentil, vous verrez! Vous aurez, par contre, manqué Richard Baker. J'ai reçu le télégramme de Mrs Cardew Trench après son départ...

Qui était Richard Baker? Victoria n'en avait pas la moindre idée, mais il lui était parfaitement égal qu'il fût parti. Edward, seul, l'intéressait.

— Il était allé à Kuweit pour quarante-huit heures, reprit Mrs Clayton. Kuweit! Encore une ville à voir... Avant que le coin ne soit gâché, ce qui ne tardera pas... Voyons!... Par quoi préférez-vous commencer? Voulez-vous vous restaurer maintenant ou aimez-vous mieux prendre votre bain d'abord?

Victoria opta pour le bain.

— Très bien! Je vous conduis à votre chambre...

Les deux femmes montèrent l'escalier.

— Comment va Mrs Cardew Trench? demanda Mrs Clayton, comme elle mettait le pied sur la première marche. J'imagine que c'est une vieille amie à vous?

Victoria jugea inutile de mentir.

— Non, dit-elle. J'ai fait sa connaissance à Bagdad.

— Et, dès le premier quart d'heure, elle a voulu tout savoir de vous? Elle joue très bien au bridge, sa compagnie est fort agréable, mais elle est terriblement bavarde, vous avez dû vous en apercevoir!... Voici votre chambre... La salle de bains est à droite... Je vous laisse et je vous dis : à tout à l'heure!

Sur quoi, Mrs Clayton, qui faisait irrésistiblement songer

à une abeille diligente, disparut. Victoria prit un bain, puis se coiffa et se maquilla avec tout le soin que peut apporter à ces délicates opérations une jeune femme qui s'apprête à rencontrer « l'homme de sa vie ».

Victoria tenait, avant tout, à avoir avec lui un entretien particulier, si bref fût-il. Il était assez bien élevé, elle n'en doutait pas, pour ne pas s'étonner d'être présenté à une « Mrs Pauncefoot Jones », qu'il ne connaissait que sous le nom de « Jones », mais il ne fallait pas, non plus, qu'il manifestât sa surprise de la retrouver en Orient. Ayant mis une petite robe d'été — elle avait toujours l'impression que le climat était celui de Londres, au mois de juin — elle alla donc s'accouder au balcon pour guetter l'arrivée d'Edward et lui faire signe.

Au bout d'un instant, elle battit en retraite dans sa chambre, pour ne pas être aperçue d'un homme, grand et mince, qui venait vers la maison. Quand il eut gravi le perron, elle reprit son poste d'observation. Presque aussitôt, Edward entra dans le jardin par une petite porte, par laquelle on gagnait directement la berge du fleuve. Fidèle à la tradition shakespearienne Victoria-Juliette se pencha sur la rampe du balcon, puis, s'éloignant de ladite tradition, elle fit :

— Pstt!

Il leva la tête. Elle le trouva plus séduisant que jamais et, à mi-voix, elle dit :

— Approchez!

Il la regardait, stupéfait.

— Pas possible! s'écria-t-il. Je serais donc rapatrié?

Du geste, elle lui imposa silence.

— Restez où vous êtes! Je descends.

Elle suivit le balcon jusqu'à un petit escalier qu'elle avait repéré et vint rejoindre Edward qui n'avait pas bougé. Son visage révélait un ahurissement total.

— Je ne suis quand même pas saoul si tôt dans la journée! dit-il enfin. C'est *vraiment* vous?

— C'est vraiment moi!

— Mais qu'est-ce que vous faites ici et comment y êtes-vous venue? Je ne pensais jamais vous revoir!

— Moi non plus, je ne pensais pas vous revoir!

— Mais qu'est-ce qui vous a amenée ici?

— L'avion.

— Bien sûr, l'avion! Mais par quel merveilleux hasard êtes-vous à Bassorah?... Comment êtes-vous venue ici?

— Par le train!

— Vous le faites exprès, sale petite brute!... Dieu! que je suis content de vous voir! Mais, je vous en supplie, répondez-moi!

— Je suis venue avec une dame qui s'était cassé le bras, une certaine Mrs Clipp, une Américaine. On m'a proposé l'affaire le lendemain du jour où je vous ai rencontré. Vous m'aviez parlé de Bagdad. Londres me tapait sur le système, alors, je me suis dit que ça me ferait du bien de changer d'air.

— Vous êtes magnifique, Victoria! Et cette Mrs Clipp est ici?

— Non. Elle est allée voir sa fille à Kerkouk. Elle ne m'avait engagée que pour le voyage.

— Alors, maintenant, qu'est-ce que vous faites?

— Je continue à profiter du changement d'air. Naturellement, je suis obligée pour ça de recourir à quelques menus subterfuges et c'est pourquoi je tenais à vous voir avant que nous ne nous rencontrions en public. Il ne s'agit pas d'aller raconter que la dernière fois que nous avons bavardé, j'étais une simple sténo-dactylo en chômage!

— Soyez tranquille! Dites-moi ce que vous prétendez être, je dis comme vous!

— Eh bien! voilà : je suis Miss Pauncefoot Jones. Mon oncle, le célèbre archéologue, fait des fouilles par ici, dans un endroit plus ou moins inaccessible, et je vais le rejoindre d'ici quelque temps.

— Naturellement, dans tout ça, il n'y a pas un mot de vrai?

— Vous pensez! N'empêche que ça tient debout...

— Ça tient debout, d'accord! Seulement, si vous rencontriez le vieux Pauncefoot Jones?

— Il n'y a pas de risques! D'après ce que j'ai compris, quand un archéologue se met à creuser, il ne s'occupe pas du reste. Il n'arrête plus!

— C'est ce qu'on m'a dit, à moi aussi. Est-ce qu'il a vraiment une nièce, votre Pauncefoot Jones?

— Comment voulez-vous que je le sache?

— Alors, vous n'usurpez l'identité de personne? C'est beaucoup moins grave...

— N'est-ce pas? D'ailleurs, au besoin, je dirais que je ne suis pas sa nièce, mais seulement sa cousine, et que j'ai pris l'habitude de l'appeler « mon oncle ».

Edward admirait.

— Vous pensez à tout, Victoria, et vous êtes vraiment une fille étonnante. Je me figurais que je resterais des années sans vous revoir et que, le jour où je vous retrouverais, vous ne me reconnaîtriez pas. Et vous êtes ici!

Victoria était ravie. Si elle avait été une chatte, elle aurait ronronné.

— A part ça, dit Edward, il vous faut du travail? Vous n'avez pas fait fortune, non?

— Ce serait plutôt le contraire! Il faut absolument que je trouve un emploi. Je suis allée à votre fameux Rameau d'Olivier, j'ai vu le docteur Rathbone et je lui ai demandé ce qu'il pouvait faire... Ça n'a pas rendu. Il veut bien m'occuper, mais il ne veut pas me payer.

Edward hocha la tête.

— C'est un vieux radin. Pour lui, les gens travaillent pour l'amour de l'art!

— C'est une fripouille?

Edward hésita un peu avant de répondre :

— Non... La vérité, c'est que je ne sais pas ce que je pense. Je ne vois pas comment il pourrait être un escroc. Le Rameau d'Olivier ne lui rapporte rien, il travaille pour un idéal et il a l'air sincère. Et malgré cela, j'ai le sentiment qu'il y a dans son truc quelque chose de louche!

— Rentrons! dit Victoria. Nous reparlerons de ça.

***

— Je ne me doutais guère, s'exclama Mrs Clayton, que vous connaissiez, Edward et vous!

Victoria rit avec elle.

— Oh! dit-elle, nous sommes de vieux amis. Mais nous nous étions perdus de vue et je ne m'attendais pas à retrouver Edward par ici!

Mr Clayton, qui était le monsieur grand et mince que Victoria avait vu rentrer, s'adressait à Edward :

— Vous avez un peu progressé, ce matin?

— Guère, répondit Edward. Les caisses de livres sont là, mais, pour les dégager, les formalités n'en finissent pas.

Clayton sourit.

— En Orient, rien ne va vite.

— Comme par un fait exprès, reprit Edward, le fonctionnaire qualifié n'est jamais là quand on a besoin de lui. Tout le monde est plein de bonne volonté, tout le monde ne demande qu'à vous aider... mais rien ne bouge!

On rit.

— Vous finirez par obtenir un résultat, dit Mrs Clayton avec bonne humeur. Mais le docteur Rathbone a eu une bonne idée de vous envoyer ici. Sinon, ses caisses seraient restées à Bassorah pendant des mois!

— Depuis les événements de Palestine, *ils* redoutent les bombes... et la littérature subversive. Tout est suspect!

Mrs Clayton tourna la tête vers son mari.

— J'espère que les caisses de livres du docteur Rathbone ne contiennent pas des bombes!

— Ma chère amie, répondit Clayton, le docteur Rathbone est un savant éminent, membre de différentes académies, un homme qui est connu et respecté dans toute l'Europe!

Il y avait, dans le ton, comme un reproche, mais Mrs Clayton feignit de ne pas s'en aviser.

— Il lui serait donc d'autant plus facile de faire de la contrebande d'armes!

Clayton ne répliqua pas, mais Victoria crut comprendre, à l'expression ennuyée de son visage, que le propos lui déplaisait.

***

La vie étant comme suspendue durant les heures chaudes de la journée, Victoria et Edward quittèrent leurs hôtes après le déjeuner pour aller faire une petite promenade sur les bords du Chatt-el Arab. Victoria admira le fleuve, découvrit avec ravissement les bouquets de dattiers verdoyant dans le paysage et s'amusa des embarcations arabes à haute proue qui s'engageaient, remorquées, dans le canal allant vers la ville. Ils flânèrent ensuite dans les souks et ils revenaient sans hâte vers le consulat quand, brusquement, Victoria posa à son compagnon la question qui la tracassait depuis longtemps :

— Edward, comment vous appelez-vous?

Il la regarda, abasourdi :

— Qu'est-ce que vous me demandez?

— Comment vous vous appelez. Vous ne vous rendez pas compte que je ne sais pas votre nom de famille?

— C'est, ma foi, vrai!... Eh bien! c'est Goring! Edward Goring.

— Edward Goring... C'est bon à savoir. J'avais l'air d'une idiote, au Rameau d'Olivier... Etre à la recherche de quelqu'un qu'on ne connaît que sous son seul prénom d'Edward...

— Il n'y avait pas là une jeune femme aux cheveux très noirs?

— Si.

— C'était Catherine. Elle est très gentille. Vous lui auriez parlé d'Edward, elle aurait tout de suite su de qui il s'agissait...

— Je n'en doute pas, dit Victoria d'un petit air pincé.

— Elle est très bien, Catherine. Ce n'est pas votre avis?

— Si, si...

— On ne peut pas dire qu'elle soit jolie, mais elle est terriblement sympathique...

— Vraiment?

Le ton était glacial, mais Edward ne s'en apercevait pas.

— Sans elle, reprit-il, je ne sais pas ce que je serais devenu. Elle m'a mis au courant de tout et elle m'a épargné quantité de gaffes. Je suis sûr que vous serez de grandes amies, elle et vous.

— Je ne crois pas que nous ayons beaucoup l'occasion de nous rencontrer.

— Allons donc! Je vais vous faire travailler dans la boîte...

— Comment vous y prendrez-vous?

— Je n'en sais rien, mais je m'arrangerai. Je dirai au vieux Rathbone que vous êtes une sténodactylo épatante, *et cætera, et cætera*...

— Il s'apercevra vite que ce n'est pas vrai.

— De toute façon, vous aurez un emploi dans la boutique. Vous n'allez pas courir à droite et à gauche pour en trouver un! Vous ne le trouveriez pas, et, un beau matin, j'apprendrais que vous êtes en route pour Burna ou pour le fin fond de l'Afrique noire. Non, ma chère enfant, ça n'a rien à faire! Je vous ai à l'œil et vous ne vous sauverez pas!

Victoria se garda bien de faire remarquer que nul ne serait maintenant capable de l'arracher à Bagdad. Elle dit seulement :

— Tout compte fait, ça serait amusant de travailler au Rameau d'Olivier!

— Amusant, ce n'est peut-être pas le mot. On est très pris et le boulot n'est pas marrant...

— Sans compter qu'il n'est pas catholique! C'est toujours votre avis?

— Oh! vous savez, j'ai dit ça...

— Vous l'avez dit... et vous le pensiez! Pour moi, vous aviez raison.

Il tourna vivement la tête vers elle.

— Qu'est-ce qui vous fait dire ça?

— Quelque chose qui m'a été dit par un de mes amis.

— Quel ami?

— Un ami...

Edward fit la grimace.

— Les filles comme vous ont trop d'amis! Vous êtes méchante, Victoria. Je suis fou de vous et ça vous est complètement égal!

Elle protesta :

— Ce n'est pas vrai! Ça ne m'est pas tout à fait égal.

Puis, cachant sa joie, elle ajouta :

— Edward, parmi les gens qui ont quelque chose à voir avec le rameau d'Olivier, y a-t-il un nommé Lefarge?

— Lefarge?

Edward réfléchit.

— Non, dit-il enfin. A ma connaissance, non. Qui est-ce?

— Et Anna Scheele? reprit Victoria. C'est un nom qui vous dit quelque chose?

Edward, cette fois, réagit de façon très différente. Saisissant Victoria par le poignet, il demanda :

— Qu'est-ce que vous savez d'Anna Scheele?

— Lâchez-moi, Edward! Je ne sais rien d'elle. Je vous demande simplement si vous savez quelque chose!

— Qui vous a parlé d'elle? Mrs Clipp?

— Non. Du moins, je ne crois pas... Avec une femme qui débite tant de mots à la minute, on n'est sûr de rien, mais il me semble que je m'en souviendrais quand même...

— Et pourquoi croyez-vous qu'Anna Scheele ait quelque chose à faire avec le Rameau d'Olivier?

— Est-ce que je me trompe en le croyant?

— Je n'en sais rien... C'est tellement... tellement vague!

Ils étaient arrivés devant la grille des jardins du consulat. Edward jeta un coup d'œil sur sa montre.

— Il faut que j'aille revoir mes douaniers. Dommage que je ne sache pas l'arabe!... Je vous quitte, mais pas pour longtemps! J'ai des tas de choses à vous demander.

— Et moi, répondit Victoria, des tas de choses à vous dire!

Elle avait parlé sans hésiter. Courageuse elle-même, elle avait des hommes une haute opinion, tenant qu'ils étaient faits pour le danger comme les étincelles pour jaillir dans l'espace. Edward ne lui saurait aucun gré de ne pas l'associer aux risques qu'elle pouvait courir.

Et, à la réflexion, Victoria avait acquis la conviction que Mr Dakin avait bien compté qu'elle mettrait Edward « dans le coup ».

2

Dans la soirée, les deux jeunes gens firent une nouvelle promenade ensemble, cette fois dans les jardins du consulat. Sur les instances de Mrs Clayton, Victoria avait consenti à passer une veste de lainage par-dessus sa robe d'été. La nuit était magnifique, mais ils étaient si absorbés par leur conversation qu'ils ne s'en apercevaient même pas.

— Tout a commencé le plus simplement du monde, dit Victoria. Un homme est entré dans ma chambre, au Tio, et il y est mort, d'un coup de poignard.

Edward ne devait pas trouver l'événement aussi banal que Victoria voulait bien le prétendre, car, apparemment stupéfait, il la pria de répéter.

— Vous dites?

— Je dis « mort d'un coup de poignard ». Si on s'était servi d'un revolver, j'aurais entendu la détonation. En tout cas, il était mort...

— Il était mort et il est entré dans votre chambre?

— Oh! Edward, ne soyez pas idiot!

Victoria raconta son histoire. Assez mal, car elle n'était jamais très à l'aise quand elle disait la vérité. Ses aventures, authentiques pourtant, on eût dit qu'elles n'avaient existé que dans son imagination.

— Vous vous sentez bien? lui demanda Edward quand elle eut fini. Vous n'auriez pas pris un coup de soleil?

— Bien sûr que non!

— Parce que, tout ça, on a tellement peu l'impression que ça a pu arriver!

— Pourtant, répliqua Victoria, un peu piquée, c'est bel et bien arrivé!

— Mais ça ne peut pas être vrai! Cette organisation mondiale, ces préparatifs secrets quelque part au Thibet ou dans le Bélouchistan, c'est du roman! De pareilles choses n'existent pas!

— Que vous dites!

— Enfin, Victoria, vous voulez rire! Tout cela vous l'avez inventé!

— Non!

Elle était furieuse. Il continua:

— Et vous seriez venue ici pour y chercher un certain Lefarge et une nommée Anna Scheele...

— Dont vous avez vous-même entendu parler. Car, son nom on l'a prononcé devant vous! C'est vrai ou non?

— On a dit son nom devant moi, c'est exact.

— Qui et où? Au Rameau d'Olivier?

Edward réfléchit un instant, puis il dit :

— Je ne crois pas que ça veuille dire grand-chose... C'est si bizarre...

— Dites quand même!

— Je vous admire, Victoria. Moi, je ne suis pas comme vous! Je n'ai pas votre intelligence, votre finesse... Je *sens* les choses, je sens que quelque chose ne tourne pas rond, mais quant à expliquer *pourquoi* j'ai cette impression, j'en suis incapable...

— Ne vous fatiguez pas! Je connais ça. Cette impression-là, je l'ai quelquefois... Je l'ai eue, par exemple, quand j'ai aperçu sir Rupert sur le balcon du Tio...

— Sir Rupert?

— Sir Rupert Crofton Lee. Il était dans l'avion avec moi.

Un type très distant, très froid, un personnage considérable. Vous devez le connaître, au moins de réputation... Bref, quand je l'ai revu au Tio, assis au soleil, sur le balcon, j'ai eu l'impression qu'il y avait dans le tableau *quelque chose qui ne collait pas*. Quoi? Je ne serais pas fichue de le dire.

— Rathbone, si je me souviens bien, lui avait demandé de faire une causerie au Rameau d'Olivier mais, en fin de compte, ça ne s'est pas arrangé et je crois qu'il a repris l'avion hier matin pour le Caire ou pour Damas.

— Revenons à Anna Scheele!

— Décidement, vous y tenez!... Eh bien! autant que je me le rappelle, c'est une fille qui l'a nommée devant moi.

— Catherine?

— Vous m'y faites penser! Ça pourrait bien être Catherine...

— J'en suis sûre et c'est bien pour ça que vous ne voulez ien dire!

— Vous êtes folle, ma pauvre Victoria!

— Et qu'est-ce qu'elle a dit d'Anna Scheele?

— Elle parlait avec une autre fille du Rameau d'Olivier, et elle lui disait : « Quand Anna Scheele arrivera, nous pourrons aller de l'avant. C'est d'elle que nous prendrons les ordres... et d'elle seule. »

— Mais c'est très important, ça, Edward!

— Attention! Je ne suis même pas sûr d'avoir bien entendu le nom.

— Ça ne vous a pas paru drôle, sur le moment, ce qu'elle disait?

— Ma foi, non! Je me suis simplement dit qu'on attendait sans doute une paroissienne qui allait prendre la direction de la boîte, un point, c'est tout!... Encore une fois, Victoria, vous êtes bien sûre de n'avoir pas rêvé toute cette histoire?

Elle lui jeta un tel coup d'œil qu'il battit en retraite immédiatement.

— Bon, bon, je n'ai rien dit!... Seulement, Victoria, vous admettrez que tout ça ressemble à un roman d'aventures! Ce type qui arrive chez vous, qui a tout juste le temps de dire deux mots et qui meurt dans votre chambre! Avouez que ça ne fait pas *vrai!*

— Vous n'avez pas vu le sang.

— Vous avez dû être terriblement secouée?

— Je vous crois! Et, maintenant, vous venez me dire que j'ai tout inventé!

— Je vous demande pardon, Victoria. Mais c'est que je n'ignore pas que vous êtes assez forte quand il s'agit d'imaginer les blagues : l'évêque de Llangow, *et cætera*...

Victoria haussa les épaules:

— Ça, c'était de la gaminerie! Maintenant, il s'agit d'une affaire sérieuse...

— Ce... Dakin, il vous a fait l'effet de savoir ce dont il parlait?

— Absolument. Mais, dites-moi, Edward, comment savez-vous...

Venue du balcon, une voix l'interrompit :

— Alors, les jeunes gens, vous venez? Vos verres vous attendent.

Victoria se retourna vers la villa et aperçut Mrs Clayton accoudée au balcon.

— Voilà! cria-t-elle. On arrive!

Ils rentrèrent.

***

Victoria, ce soir-là, eut de la peine à s'endormir.

Elle était venue à Bagdad pour retrouver Edward. Elle avait réussi à le joindre après bien des efforts. Le but atteint, son enthousiasme tombait.

Un peu par la faute d'Edward qui semblait ne pas vouloir croire à la réalité d'une aventure qu'elle n'avait pourtant pas rêvée. Car tout était vrai! Aucun doute, Victoria Jones, une petite sténo-dactylo de Londres, était en Orient, un homme avait été tué presque sous ses yeux, elle était devenue quelque chose comme un agent secret et, pour finir, elle avait retrouvé l'homme qu'elle aimait dans un jardin paradisiaque, qui ne devait d'ailleurs pas être tellement loin de l'endroit où l'on situait aux premiers jours du monde, le jardin d'Éden.

Des vers d'une chanson enfantine lui revinrent en mémoire :

Combien de milles d'ici à Babylone?
Soixante et dix.
Y serai-je avant qu'on n'allume les chandelles?
Bien sûr, et tu auras le temps de revenir.

Pour l'instant, elle y était presque à Babylone, et avec Edward! Au fait, que voulait-elle donc lui demander dans le jardin, quand Mrs Clayton les avait appelés? Cela lui était sorti de la tête, mais il fallait absolument qu'elle arrive à se le rappeler... parce que c'était important... Edward... Anna Scheele... Rupert Crofton Lee... Il y avait quelque chose qui ne collait pas... Mais quoi?... Ça aussi, il faudrait chercher... et Lefarge... Catherine... Catherine et Edward... c'était absurde.

Victoria dormit d'un sommeil agité.

3

Mrs Clayton se tourna vers Victoria.

— Encore un peu de café?

— Volontiers.

— Vous avez l'air fatigué. Vous n'êtes pas malade?

— Non. J'ai seulement passé une mauvaise nuit. Le lit est excellent, mais j'ai mal dormi.

Gérald Clayton cependant allumait le poste de radio. C'était l'heure des informations et l'appareil se mit en marche comme s'égrenaient les dernières notes de l' « indicatif ».

« *Hier soir, à la chambre des Communes, le Premier Ministre a donné de nouveaux détails sur la restriction des importations.*

« *On annonce du Caire que le corps de sir Rupert Crofton Lee a été repêché dans le Nil...* »

Victoria posa sa tasse de café. Mrs Clayton poussa une exclamation. La voix du speaker continuait :

« *Sir Rupert, arrivé de Bagdad par avion, était descendu dans un grand hôtel du Caire. Il sortit le soir même et il était absent depuis vingt-quatre heures quand son cadavre fut découvert. Sir Rupert, cependant, n'est pas mort noyé, mais assassiné d'un coup de poignard dans le cœur. Ses voyages d'exploration en Chine et dans le Balouchistan avaient valu à sir Rupert une réputation mondiale et il était l'auteur de plusieurs livres estimés.* »

— Assassiné! s'écria Mrs Clayton. Vous étiez au courant, Gérald?

— Je savais qu'il avait disparu, dit Clayton. Un messager, paraît-il, lui avait apporté un billet et il avait quitté l'hôtel à pied tout de suite et sans dire où il se rendait...

Quelques instants plus tard, Edward et Victoria se trouvaient seul à seule.

— Alors? lui dit-elle. Vous croyez toujours que j'ai rêvé? Après Carmichaël, sir Rupert! Je regrette d'avoir dit de lui que c'était un « installateur ». Tous ceux qui, de près ou de loin, sont mêlés à cette affaire sont marqués. Je me demande si ce ne sera pas mon tour la prochaine fois...

— Je vous en supplie, Victoria, ne dites pas ça comme si ça vous faisait plaisir! Il ne faut pas dramatiser. Je ne vois pas pourquoi on vous supprimerait, étant donné qu'en définitive *vous ne savez rigoureusement rien...* Malgré ça, je vous en conjure, ne faite pas d'imprudences!

— N'en faites pas, vous non plus! Car vous êtes dans le coup! Et c'est moi qui vous y ai mis!

Il haussa les épaules.

— Bah! Ça rompt la monotonie de l'existence...

CHAPITRE XVI

1

— Alors, demanda Dakin, vous avez trouvé votre amoureux?

Victoria répondit d'un signe de tête.

— Et vous avez découvert quelque chose?

— Non.

La jeune fille avait dit cela d'un ton si navré que Dakin sourit.

— Il n'y a pas de quoi vous désoler! A ce jeu-là, souvenez-vous-en, les résultats sont rares et espacés. Vous auriez pu trouver quelque chose là-bas, on ne sait jamais, mais je n'y comptais guère.

— Est-ce que je continue?

— Vous y tenez?

— Absolument. Edward pense qu'il pourra me procurer un emploi au Rameau d'Olivier. En ouvrant les yeux et les oreilles, je pourrais peut-être y apprendre quelque chose. Sur Anna Scheele... Parce que, là-bas, on la connaît...

— Mais voilà qui est fort intéressant! Où avez-vous découvert ça?

Victoria rapporta ce qu'Edward avait entendu dire par Catherine au sujet d'Anna Scheele.

— Très intéressant! déclara Dakin.

— Mais *qui est* Anna Scheele? Savez-vous quelque chose d'elle ou n'est-elle pour vous qu'un nom?

— Anna Scheele est la secrétaire... et le bras droit... d'un financier américain qui est à la tête d'une grande banque internationale. Venant de New York, elle est arrivée à Londres il y a dix jours. Depuis elle a disparu.

— Disparu? Vous ne voulez pas dire qu'elle est *morte*?

— Si elle l'est, son corps n'a pas été retrouvé.

— Mais est-elle morte?

— C'est possible.

— Elle devait venir à Bagdad?

— Je l'ignore. D'après ce qu'a dit cette Catherine dont vous me parlez, c'était vraisemblablement son intention... J'ai tort d'ailleurs de mettre la phrase à l'imparfait, car nous n'avons jusqu'à présent aucune raison de croire qu'elle a cessé de vivre.

— J'apprendrai peut-être quelque chose là-dessus au Rameau d'Olivier.

— Peut-être... Mais, je vous en conjure, Victoria, soyez prudente, très prudente! Nous combattons des gens qui ne reculent devant rien... et je ne voudrais pas que votre cadavre fût, un de ces jours, retrouvé dans le Tigre!

— Comme celui de sir Rupert Crofton Lee.

Victoria chassa la désagréable vision qui l'avait fait frissonner et reprit :

— A propos de sir Rupert, l'autre matin à l'hôtel, quand je l'ai aperçu, quelque chose en lui a surpris... Je m'voudrais bien me rappeler quoi!

— Surpris... en quoi?

— C'est justement ce que je me demande!... Ça me reviendra peut-être. D'ailleurs, ça n'a probablement aucune importance!

— Les plus petites choses peuvent avoir de l'importance.

— Si Edward m'obtient un emploi au Rameau d'Olivier, il est d'avis que je devrais quitter le Tio pour aller loger dans une pension de famille, comme toutes les filles qui travaillent là-bas.

— Cela vaudrait mieux en effet. Votre Edward me paraît avoir la tête sur les épaules.

— Est-ce que vous voudriez le voir?

Dakin secoua la tête.

— Certainement pas! Dites-lui de m'éviter au contraire! Vous, malheureusement, du fait des circonstances de la mort de Carmichaël, vous êtes suspecte. Edward par bonheur ne s'est pas trouvé mêlé à ces événements. C'est un avantage appréciable. Gardons-le!

— Je voudrais vous demander... Carmichaël, qui l'a assassiné? Quelqu'un qui le suivait?

— Non. Impossible.

— Impossible?

— Il est arrivé par le fleuve et il n'était pas suivi. Nous le savons parce que le Tigre était surveillé par des hommes à nous.

— Alors, il a été tué par quelqu'un qui était déjà à l'hôtel?

— Certainement... et je préciserai même « par quelqu'un qui se trouvait dans cette aile-ci de l'hôtel ». J'avais l'œil sur l'escalier et personne n'a pu venir par là.

Après quelques secondes de réflexion, il ajouta :

— Ce qui limite singulièrement le nombre des suspects. Il n'y avait dans cette aile que vous, moi, Mrs Cardew Trench, Marcus Tio et ses sœurs, un couple de vieux domestiques dans la maison depuis des années, un certain Harrison, de Kirkouk, qui semble des plus honorables, et une infirmière de l'hôpital juif... Ils pourraient tous être le coupable... mais il est peu probable que l'assassin soit l'un d'eux...

— Pourquoi?

— Parce que Carmichaël se tenait sur ses gardes. Il savait qu'il approchait de l'instant le plus redoutable de sa mission et c'était un homme qui flairait le danger. Une sorte d'instinct l'avertissait. Cette fois...

— Les policiers?

— Ils ne sont arrivés qu'*après*... Ils venaient de la rue et quelqu'un a dû leur faire signe... Mais ce n'est pas l'un d'eux qui a tué... Carmichaël a été frappé par quelqu'un qu'il connaissait bien, quelqu'un en qui il avait confiance... ou qu'il tenait pour quantité négligeable. Si seulement je savais laquelle choisir de ces hypothèses!...

2

Rallier Bagdad, retrouver Edward, pénétrer les secrets du Rameau d'Olivier, c'était un programme magnifique. Enthousiasmant. Mais maintenant que Victoria avait atteint deux au moins de ses objectifs, et à ses yeux les plus intéressants, son exaltation originale était tombée et, dans les rares moments où elle s'interrogeait, il lui arrivait de se demander ce que diable elle était venue faire en Orient. Edward? En le revoyant, elle aurait crié de joie. Maintenant, elle savourait son bonheur avec calme. Elle aimait Edward, Edward l'aimait, ils travaillaient tous les deux sous le même toit... Mais, à y bien regarder, que cherchaient-ils et où voulaient-ils en arriver?

Edward avait réussi, elle ne savait trop comment, à lui décrocher au Rameau d'Olivier un emploi chichement payé. Elle passait la plus grande partie de son temps dans une pièce obscure, constamment éclairée à la lumière électrique. A longueur de jour, elle pianotait sur une mauvaise machine, tapant avec une égale indifférence des lettres, des communiqués et des manifestes, tout cela relatif aux activités diverses du Rameau d'Olivier, une association dans le programme de laquelle il y avait « à boire et à manger ». D'après Edward, il y avait dans le Rameau d'Olivier « quelque chose de pas catholique ». Mr Dakin semblait partager cette opinion. Victoria était là pour tâcher de découvrir si elle reposait sur quelque chose. Elle aurait bien voulu « trouver quelque chose », mais elle ne trouvait rien et, autant qu'elle en pouvait juger, ne trouvait rien parce qu'il n'y avait rien à trouver! Au Rameau d'Olivier, on ne se préoccupait que de faire régner la paix entre les peuples. On dissertait là-dessus et on donnait des réunions amicales où l'on ne buvait que des jus d'orange accompagnés de sandwiches aux légumes, économiques et déprimants. Victoria ne voyait autour d'elle ni intrigues, ni conspirations. On s'ennuyait ferme mais le plus honnêtement du monde. Des jeunes gens au teint foncé faisaient de temps à autre un doigt de cour à Victoria, qui les éconduisait gentiment, d'autres lui prêtaient des livres, qu'elle parcourait et jugeait assommants. Elle avait quitté le Tio Hotel et s'était installée sur la rive gauche du Fleuve dans une pension de famille où vivaient avec elle des jeunes femmes de nationalités diverses et, notamment, Catherine. Victoria avait l'impression que Catherine la regardait d'un sale œil, mais elle n'aurait su dire si c'était parce que Catherine la soupçonnait d'être une espionne ou simplement parce qu'elle était jalouse. Cette seconde hypothèse lui paraissait la plus vraisemblable. On savait que Victoria devait son poste à Edward et Catherine n'était pas la seule à qui la chose déplaisait.

De fait, Victoria s'avouait avec chagrin que son chef Edward était beaucoup trop beau. Au Rameau d'Olivier, toutes les filles raffolaient de lui, ce qui était d'autant moins surprenant qu'il se montrait gentil avec toutes. Il avait été convenu que, dans leurs manifestations publiques, Victoria et Edward ne laisseraient pas deviner ce qu'ils étaient l'un pour l'autre. Edward se comportait avec Victoria comme avec toutes les jeunes femmes de la maison, à cette différence près qu'il se tenait à son égard sur une réserve marquée.

Si Victoria considérait les activités du Rameau d'Olivier comme parfaitement innocentes, le fondateur du mouvement, par contre, lui inspirait des craintes confuses. Une fois ou deux elle avait vu le docteur Rathbone l'examiner d'un air songeur et ce regard sombre, posé sur elle, lui avait causé une curieuse impression de malaise. Elle aurait bien voulu savoir ce que le vieillard pensait d'elle et s'il se doutait de ce qui l'avait amenée au Rameau d'Olivier.

Les instructions reçues de Mr Dakin étaient fort précises. Certaines concernaient la façon dont elle devait procéder pour lui faire savoir, le cas échéant, qu'elle avait quelque chose à lui communiquer. Dakin lui avait donné un vieux mouchoir d'un rose fané. Si elle voulait joindre Dakin, elle devait, vers le soir, aller se promener sur la rive du Tigre, ainsi qu'elle faisait tous les jours, suivre le fleuve pendant un certain temps jusqu'à un escalier conduisant à un quai où des barques étaient amarrées, et accrocher un petit morceau du mouchoir rose à un certain clou rouillé fiché dans le mur. Jusqu'à présent, Victoria le constatait avec amertume, elle n'avait rien découvert qui valût d'être rapporté à Dakin. Elle faisait sans plaisir un travail mal payé et elle n'avait même pas la consolation de voir souvent Edward, presque toujours en mission dans un coin ou dans un autre. Il venait de rentrer de Perse. Durant son absence, Victoria avait eu avec Dakin une courte conversation. Il lui avait fait dire de se rendre au Tio Hotel et de demander si elle n'avait pas laissé une jaquette dans la chambre qu'elle avait occupée. On lui avait répondu que non, puis Marcus était arrivé, qui l'avait emmenée sur les bords du Tigre pour « boire quelque chose ». En chemin, ils avaient aperçu Dakin, Marcus l'avait appelé, ils avaient continué la promenade à trois et, les verres servis, Marcus s'était éclipsé sous un prétexte, laissant Victoria et Dakin en tête à tête. Un peu gênée, la jeune fille avait avoué qu'elle n'avait encore rien appris d'intéressant. Dakin avait prononcé des paroles rassurantes.

— Ma chère enfant, vous ne savez même pas ce que vous cherchez et rien ne prouve qu'il y ait quelque chose à découvrir! Dites-moi seulement quelle impression vous fait le Rameau d'Olivier maintenant que vous le connaissez un peu!

— C'est la boîte la plus embêtante que j'aie jamais vue!

— Embêtante, mais honnête?

Elle avait réfléchi avant de répondre.

— Je n'en sais rien, finit-elle par dire. Tous ces gens-là n'ont qu'une idée en tête. Dès qu'on leur parle « culture » tout va bien. Vous voyez ce que je veux dire?

— Si je comprends bien, vous voulez dire qu'ils ne s'interrogent pas, qu'ils ne se demandent pas si ceux qui les conduisent sont de bonne foi ou non. La plupart d'entre eux, j'en suis sûr, sont des sincères. Mais, sous cette « culture », qu'est-ce qui se cache?

Victoria confessa son ignorance.

— Tout ce que je sais, c'est qu'on devine des menées communistes. C'est également l'opinion d'Edward. Il me fait lire Karl Marx et je laisse traîner mon livre pour voir ce que seront les réactions...

— Vous en avez eu?

— Pas encore.

— Et Rathbone? C'est un honnête homme?

Victoria ne sut que répondre.

— A vrai dire, reprit Dakin, il est le seul qui m'inquiète là-dedans! Parce que lui, *c'est quelqu'un.* Supposons qu'il y ait vraiment un complot communiste. Des étudiants, des jeunes révolutionnaires, n'ont pas la plus petite chance d'approcher le Président. La police de la rue étant, par ailleurs, assurée, un attentat à la bombe sera pratiquement impossible. Mais Rathbone, lui, pose un autre problème. C'est un savant, un homme qui a fait beaucoup de bien et qui sera, s'il le désire, de toutes les réceptions organisées en l'honneur des hautes personnalités attendues à Bagdad. Il aura toutes les possibilités... et j'aimerais bien savoir à quoi m'en tenir sur son compte!

Victoria, comme Dakin, se persuadait que Rathbone était le seul personnage « intéressant » du Rameau d'Olivier. Le jour où, à Londres, elle fit la connaissance d'Edward, le jeune homme avait dit que l'affaire de son patron lui paraissait « pas catholique ». Cette opinion, elle se le demandait pour la première fois, d'où lui venait-elle? Il faudrait le trouver. Savoir pourquoi Edward avait eu cette impression, connaître le mot, l'incident, qui éveilla ses soupçons. De même, Victoria elle-même devrait réfléchir pour établir de façon certaine pourquoi elle avait été si surprise, au Tio Hôtel, d'apercevoir sir Rupert Crofton Lee, assis au soleil, sur son balcon. Sans doute, elle pensait qu'il était à l'ambassade, et non pas au Tio. Mais cela ne suffisait pas à tout expliquer. Elle avait eu le sentiment très net *d'un détail qui ne « collait » pas.* Lequel?

Elle se promit de le rechercher. Quant à Edward, elle l'inviterait à se remémorer par le menu ses premières rencontres avec le docteur Rathbone, pour retrouver ce qui avait pu l'amener à prendre le Rameau d'Olivier pour une entreprise suspecte. Seulement, quand pourrait-elle lui parler seule à seul ? Il était presque tout le temps en voyage et elle n'avait pas eu une conversation avec lui depuis son entrée au service du docteur Rathbone ! Pour ne pas le voir plus que ça, songeait-elle avec mélancolie, j'aurais aussi bien fait de rester en Angleterre !

L'événement ne devait pas tarder à lui prouver qu'elle se trompait.

Le lendemain, en effet, Edward vint lui apporter quelques feuillets manuscrits à dactylographier.

— Le docteur Rathbone, lui expliqua-t-il, vous prie de taper cela tout de suite. Faites particulièrement *attention à la page deux*... Elle fourmille de noms arabes à l'orthographe terriblement compliquée...

Victoria poussa un soupir, glissa une feuille de papier sous le rouleau de sa machine et se mit à la besogne. L'écriture du docteur Rathbone était assez lisible. La première page copiée, Victoria découvrit la seconde et comprit pourquoi Edward l'avait signalée à son attention : une petite note manuscrite, de la main d'Edward, était épinglée au feuillet. Elle disait :

Demain matin, vers onze heures, allez vous promener le long du Tigre, un peu plus loin que le Beit Malek Ali.

Le lendemain était un vendredi, jour de congé. Victoria, toute heureuse, décida qu'elle mettrait son beau corsage vert jade. Et aussi qu'elle se ferait donner un shampooing.

— J'en ai besoin, dit-elle à haute voix.

Catherine, qui travaillait à la table voisine, leva la tête.

— Vous dites?

Victoria, qui avait déjà transformé le billet d'Edward en une boulette minuscule, se tourna vers Catherine.

— Je dis que mes cheveux ont besoin d'être lavés. Mais les salons de coiffure sont si sales que je ne sais où aller...

— Ils sont sales et ils sont chers. Heureusement, je connais une fille qui lave très bien les cheveux et chez qui les serviettes sont propres. Je vous conduirai...

— C'est très gentil à vous, Catherine, et je vous remercie.

— Nous irons demain.

— Ah! non, pas demain.

— Pourquoi?

— Parce que, demain, je vais me promener. J'ai envie de prendre l'air... Ici, on étouffe!

— Vous promener? Je me demande bien où! Il n'y a pas de promenades, à Bagdad.

— J'en trouverai bien...

— Vous feriez mieux d'aller au cinéma... ou à une conférence.

— Non, je veux sortir. En Angleterre, nous aimons marcher.

— En Angleterre!... Parce que vous êtes Anglaise, vous vous croyez d'une race supérieure! Mais qu'est-ce que c'est, les Anglais? Rien du tout... Ici, nous leur crachons dessus!

— Si vous vous mettez à me cracher dessus, vous aurez peut-être des surprises!

— Qu'est-ce que vous ferez?

— Essayez! Vous verrez.

— Et ça lit Karl Marx!... Mais vous ne pouvez rien y comprendre, à Karl Marx, vous êtes bien trop bête! Est-ce que vous vous figurez que le parti communiste voudrait de vous? Jamais. Votre éducation politique est bien trop élémentaire!

— En tout cas, je ne vois pas pourquoi je ne lirais pas Karl Marx. Il écrivait pour les gens comme moi, les travailleurs...

— Laissez-moi rire! Vous êtes une bourgeoise! Vous n'êtes pas fichue de taper proprement à la machine! Regardez les fautes que vous faites!

Victoria redressa le buste.

— Il y a des gens très forts qui n'ont pas d'orthographe, déclara-t-elle d'un ton définitif. Et puis, comment voulez-vous que je fasse quelque chose de propre, si vous me parlez tout le temps?

Rageusement, elle se remit à sa machine. Quelques instants plus tard, elle allait porter au docteur Rathbone son travail terminé. Il jeta un coup d'œil sur les feuillets, puis, comme Victoria se retirait, il la rappela.

— Vous êtes heureuse ici, Victoria?

— Oh! oui, docteur.

Il la regardait. Elle baissa les yeux, gênée par cet examen redoutable. Il reprit :

— Nous vous payons mal, j'en ai peur.

— Ça n'a pas d'importance! J'aime mon travail.

— Vraiment?

— Oui. On a le sentiment de faire quelque chose qui vaut d'être fait...

Elle s'était ressaisie et son regard limpide ne fuyait pas celui du vieillard.

— Et vous arrivez quand même à... vivre?

— Mais oui! J'ai une chambre qui ne me coûte par cher, chez des Arméniens... Je suis très bien.

— Actuellement, dit Rathbone, on manque à Bagdad de sténo-dactylos. Il me semble que vous trouveriez facilement une situation plus intéressante que celle que vous avez ici.

— Mais je ne tiens pas à changer.

— Il serait peut-être *sage* de le faire.

— Sage?

La voix de Victoria tremblait un peu.

— C'est ce que j'ai dit... Un simple conseil... Un avis...

Il y avait, dans le ton, comme une menace. Victoria ne cachait pas son étonnement.

— Vraiment, docteur, je ne comprends pas...

— Il est sage, dit-il, de ne pas se mêler de ce que l'on ne comprend pas.

La menace, cette fois, n'était pas douteuse.

— Pourquoi êtes-vous venue travailler ici? reprit Rathbone. A cause d'Edward?.

Victoria rougit.

— Bien sûr que non!

Le vieillard hocha la tête.

— Edward a sa situation à faire et des années passeront avant qu'il ne puisse faire quelque chose pour vous. A votre place, je ne penserais plus à lui. Ainsi que je vous l'ai dit, vous pouvez facilement trouver à Bagdad un emploi bien payé, où vous aurez de l'avenir... et où vous serez avec des gens de votre bord. Songez-y!

Il la regardait toujours.

— Mais, docteur, affirma-t-elle avec énergie, j'aime énormément le Rameau d'Olivier!

Il haussa les épaules et Victoria quitta le bureau.

La jeune fille ne savait trop que penser de cet entretien. Avait-elle de quelque façon éveillé les soupçons du docteur Rathbone? Avait-il deviné en elle une espionne? Certaines des phrases prononcées permettaient de le craindre. Elle s'était indignée quand il avait insinué qu'elle n'était venue au Rameau d'Olivier que pour être près d'Edward. Heureusement, tout en protestant, elle avait rougi, comme une sotte. Rathbone, à qui la chose n'avait pu échapper, était probablement convaincu que c'était bien à cause d'Edward qu'elle tenait à travailler avec lui. Cela la rassurait un peu.

Mais elle n'en eut pas moins beaucoup de peine à s'endormir ce soir-là.

CHAPITRE XVII

1

Le lendemain matin, Victoria, qui s'était renseignée sur le Beit Melek Ali, une grande maison blanche, ancienne résidence royale, qui se trouvait sur la rive gauche du Tigre, descendit vers le fleuve. Elle suivit la berge pendant assez longtemps, passa devant de magnifiques villas, si silencieuses qu'on eût pu les croire inoccupées, traversa une palmeraie ombreuse, reconnut le Beit Melek Ali à la description qu'on lui en avait faite et arriva, un peu plus loin, à un endroit où s'amorçait une route qui s'éloignait du fleuve. Edward était là, fumant une cigarette, à côté d'une vieille automobile, d'un modèle passablement archaïque.

— Bravo, dit-il. Vous ne vous êtes pas perdue en chemin. Montez!

Elle obéit avec joie.

— Où allons-nous?

Le chauffeur, un Arabe vêtu de haillons, avait mis son moteur en marche et la voiture démarrait.

— Nous allons à Babylone, répondit Edward. Nous avons bien droit à une petite escapade!

— A Babylone? s'écria Victoria. C'est bien vrai?

L'auto, tournant à gauche, s'engageait sur une grande route pavée, d'une largeur impressionnante.

— C'est on ne peut plus vrai! déclara Edward. Mais n'attendez pas des merveilles! Babylone n'est plus ce qu'elle a été...

Victoria se mit à fredonner :

Combien de milles d'ici Babylone?
Soixante et dix.
Y serai-je avant qu'on n'allume les chandelles?
Bien sûr, et tu auras le temps de revenir!

— Je chantais ça quand j'étais toute petite, expliqua-t-elle. Si l'on m'avait dit qu'un jour j'irais vraiment à Babylone!

— Et nous en reviendrons avant qu'on n'allume les chandelles! Du moins, je l'espère. Dans ce pays-ci, on n'est jamais sûr de rien!

— Le fait est que cette voiture a bien l'air d'avoir tout ce qu'il faut pour tomber en panne.

— Ça lui arrivera, c'est probable! Le chauffeur fera la réparation avec des bouts de ficelle, il dira « *Inch' Allah!* » et tout remarchera!

— La route est terrible! dit Victoria entre deux cahots.

La belle chaussée pavée n'était plus qu'un souvenir. La largeur de la route était restée la même, mais à chaque tour de roue, l'auto avec une secousse, s'arrachait à quelque ornière. La carrosserie cliquetait avec un fracas épouvantable.

— Ne vous tracassez pas! cria Edward. Plus loin, c'est pis!

Ils allaient dans un nuage de poussière sans cesse renouvelé. Des charrois, conduits par des Arabes nonchalants et vraisemblablement sourds, se faisaient longtemps prier pour livrer le passage. Des bourricots, menés par des femmes remorquant des trôlées d'enfants, ne mettaient pas plus d'empressement à s'écarter. Victoria ravie, riait de tout : elle était avec Edward et elle allait à Babylone. Il leur fallut deux heures pour y arriver.

Pour Victoria, Babylone fut une déception. Ces tas de briques calcinées, ces montagnes de décombres n'évoquaient rien. Elle attendait des colonnes, des arcs de triomphe, quelque chose qui ressemblât aux photos qu'elle avait vues des ruines de Baalbek. On était loin de compte!

Peu à peu, pourtant, elle finit par s'intéresser aux explications du guide, dont elle avait tout d'abord écouté le verbiage d'une oreille distraite. Les figures d'animaux fantastiques moulées en relief sur les murs, la voie majestueuse qui conduit à la Porte d'Ishtar, d'autres vestiges encore, attestant la grandeur passée de la cité morte, éveillèrent sa curiosité et, quand ils s'assirent au pied du Lion fameux, pour faire honneur au déjeuner froid qu'Edward avait eu la précaution d'apporter, elle eût voulu tout savoir de la Babylone antique. Le guide s'éloigna, par discrétion, après avoir dit qu'ils devaient, dans l'après-midi, visiter le musée.

— Croyez-vous que ce soit indispensable? demanda Victoria à Edward. Des objets étiquetés et placés sous vitrines, ça ne signifie rien! Je suis allée une fois au British Museum. Ce que j'ai pu m'y ennuyer!

— Le passé est toujours ennuyeux, déclara Edward. L'avenir est autrement intéressant.

— Ici, c'est intéressant, reprit Victoria. On a le sentiment qu'on est devant quelque chose de grand... Est-ce que vous connaissez le poème qui dit : « Quand tu étais roi dans Babylone et quand j'étais, moi, une esclave chrétienne... »? Qui sait? Ce roi et cette esclave, c'étaient peut-être nous?

Edward sourit.

— Je ne suis pas très fort sur les dates, mais il me semble bien qu'il n'était plus question de rois de Babylone quand on a commencé à parler des chrétiens...

— Qu'est-ce que ça fait? Ça vous aurait plu, d'être roi de Babylone?

— Certainement!

— Alors, disons que vous l'avez été et que vous êtes la réincarnation d'un souverain de l'antiquité.

— En ce temps-là, les rois connaissaient leur métier et la façon de l'exercer! Ils gouvernaient et le monde ressemblait à quelque chose.

— Je ne sais pas, dit Victoria, songeuse, si j'aurais tellement aimé être une esclave, chrétienne ou pas!

Edward, lui aussi, suivait sa pensée.

— Milton était dans le vrai, quand il écrivait : « Mieux vaut régner en Enfer que servir au Paradis. » J'ai toujours admiré son Satan.

Victoria avoua qu'elle connaissait mal Milton.

— Pourtant, ajouta-t-elle, j'ai vu son *Comus* au Sadler's Wells et j'ai trouvé ça très bien. Margot Fonteyn était adorable...

— Si vous étiez une esclave, Victoria, je vous donnerais votre liberté et je vous emporterais dans mon harem... Là-bas...

Il montrait du doigt un tumulus. Une lueur malicieuse passa dans les prunelles de Victoria.

— A propos de harem...

Edward coupa la parole à la jeune fille :

— Comment vous entendez-vous avec Catherine?

— Comment savez-vous que c'est à elle que je pensais?

— Je ne me trompais pas, vous voyez!... J'aimerais tant que vous deveniez de bonnes amies!

— Ce que les hommes peuvent être drôles! Pourquoi diable tiennent-ils toujours à ce que toutes les filles qu'ils connaissent soient bien ensemble?

Edward, qui s'était allongé sur le dos, les mains croisées derrière la nuque, se redressa.

— Vous m'avez mal compris, Victoria. D'abord, cette allusion aux harems est ridicule...

— Pas du tout! Au Rameau d'Olivier, *elles* courent toutes après vous. Ça me rend folle!

— Vous êtes très jolie quand vous êtes en colère, répliqua Edward. Mais revenons à Catherine! J'aimerais vous voir en bons termes avec elle, uniquement parce que je crois que c'est par elle que nous découvrirons ce que nous cherchons. Elle sait quelque chose.

— Vous croyez?

— Rappelez-vous ce que je lui ai entendu dire à propos d'Anna Scheele.

— Je n'y pensais plus.

— Au fait, Karl Marx... Ça n'a rien rendu?

— Jusqu'à présent, personne n'est encore venu me demander de m'inscrire à quelque parti que ce soit. Catherine, cependant, m'a dit que les communistes ne voudraient pas de moi, parce que mon éducation politique reste à faire... C'était bien la peine que je m'appuie des bouquins à quoi je ne comprends rien! Je suis trop bête...

Edward éclata de rire.

— Pauvre Victoria!... Consolez-vous! Catherine est peut-être très intelligente et politiquement éduquée, mais j'aime encore mieux une petite dactylo de Londres, même si elle n'est pas fichue d'orthographier correctement les mots de plus de deux syllabes!

Victoria fronça le sourcil. Cette plaisanterie lui rappelait l'entretien qu'elle avait eu avec le docteur Rathbone. Elle mit

Edward au courant. Il lui parut plus contrarié de l'incident qu'elle n'aurait supposé.

— Voilà qui est sérieux, Victoria, très sérieux!... Que vous a-t-il dit, exactement?

Elle fit de son mieux pour retrouver les phrases mêmes de Rathbone.

— Mais, ajouta-t-elle, je ne vois pas pourquoi vous vous inquiétez tant!

— Vous ne voyez pas?... Mais, ma pauvre petite, vous ne vous rendez pas compte que ça prouve que Rathbone sait à quoi s'en tenir sur vous? Il vous prévient... Je n'aime pas ça, Victoria... Pas du tout!... Ces gens-là, rien ne les arrête... et je ne voudrais pas apprendre un de ces jours qu'on vous a assommée et jetée dans le Tigre!

Victoria écoutait. Elle avait fermé les paupières et songeait : « Je suis assise au milieu des ruines de Babylone et il n'est question que de savoir si, dans un proche avenir, on ne retrouvera pas mon cadavre dans le Tigre. En réalité, je rêve. Je suis à Londres, je me réveillerai dans un instant, je cinglerai vers les bureaux de Mr Greenholz et je m'apercevrai qu'Edward est un personnage sorti de mon imagination... »

Elle ouvrit les yeux. Non, elle ne rêvait pas. Un soleil brûlant, un soleil qui ne devait pas être le même que celui de Londres, écrasait de lumière vive les ruines de Babylone. Edward était là, assis à côté d'elle, presque lui tournant le dos. Il avait de beaux cheveux, un peu longs dans le cou, peut-être... Mais le cou, lui aussi, était très beau... Bronzé, brun-rouge, du même ton partout, sans aucune des petites cicatrices qui marquent tant de cous masculins, par la faute du col, générateur de boutons et de clous, un cou net, bien différent par exemple, de celui de sir Rupert, avec ce clou qui commençait à pousser...

Victoria poussa une exclammation. Edward tourna la tête

— Qu'est-ce qu'il se passe?

— Je viens de me rappeler... Pour sir Rupert Crofton Lee...

Le regard d'Edward quêtait des explications plus précises. Victoria les donna :

— Il avait un clou dans le cou.

— Ah?

— Oui. Dans l'avion, il était assis juste devant moi. Ce clou, je l'ai très bien vu.

— Je ne vois pas pourquoi il n'aurait pas eu un clou. C'est douloureux, mais ça arrive à des gens très bien...

— Vous ne comprenez, pas Edward! Ce clou, le matin où j'ai vu sir Rupert sur son balcon, *il ne l'avait plus!*

— Et alors?

— Mais, Edward, réfléchissez! Dans l'avion, il avait un clou, au Tio, il ne l'avait plus!

— Le clou avait percé, voilà tout!

— Certainement pas! C'était un clou qui commençait seulement... et, de toute façon, il aurait laissé une trace, une petite cicatrice... Or, il n'y avait rien... L'homme que j'ai vu ce jour-là au Tio, cet homme-là n'était pas sir Rupert!

Edward regardait Victoria, l'air stupéfait.

— Voyons, Victoria, vous perdez la tête! C'était forcément sir Rupert. Vous l'avez d'ailleurs reconnu...

— C'est-à-dire que j'ai cru le reconnaître... J'ai reconnu son grand chapeau, son manteau, son allure...

— Mais à l'ambassade, on le connaissait!

— A l'ambassade? Il n'était pas à l'ambassade, il était au Tio. Un vague attaché l'attendait à l'aéroport. L'ambassadeur était à Londres. Et puis, sir Rupert avait tellement voyagé, on le voyait si rarement en Angleterre...

— Mais pourquoi l'aurai-ton...

— Pourquoi? A cause de Carmichaël, qui devait le rencontrer à Bagdad pour lui faire part de ce qu'il avait découvert.

Ils ne s'étaient jamais vus. Carmichaël ne pouvait pas savoir qui il avait en face de lui. Il ne se méfiait pas. Et c'est évidemment le faux sir Rupert qui a tué Carmichaël! Pour moi, Edward, c'est une certitude absolue!

— Je suis sûr que vous vous trompez, Victoria! N'oubliez pas que c'est plus tard que sir Rupert a été assassiné, et au Caire!

— Mais c'est bien au Caire qu'on l'a tué, je m'en rends compte maintenant. C'est horrible, Edward! Je peux dire que j'étais là!

— Nous sommes en pleine folie!

— Pas du tout, Edward! Ecoutez-moi! C'était à l'escale du Caire. On a frappé à ma porte... Du moins, je l'ai cru... En réalité, on avait frappé à côté, à la porte de sir Rupert. C'était une hôtesse de l'air, qui venait lui demander si ça ne le dérangerait pas de passer tout de suite au bureau qui se trouvait à deux pas, dans le même couloir... Je suis sortie de ma chambre presque tout de suite après. Il fallait passer devant une porte, sur laquelle il y avait une pancarte clouée, indiquant que c'était le « bureau du Contrôle ». La porte s'est ouverte et sir Rupert est sorti. C'est seulement aujourd'hui que j'ai compris que ce n'était pas le même sir Rupert. Ses assassins l'attendaient dans le prétendu bureau, ils l'ont assommé à son entrée et celui qui est sorti, c'est l'autre, celui qui devait jouer le rôle de sir Rupert. J'imagine qu'ils n'ont pas dû tuer sir Rupert tout de suite, qu'ils l'ont drogué et tenu prisonnier pour ne se débarrasser de lui que plus tard, quand l'autre est revenu de Bagdad.

— C'est une magnifique histoire, Victoria, mais, en toute sincérité, elle me paraît invraisemblable. Vous n'avez aucune preuve...

— Il y a le clou...

— Oh! le clou...

— Et puis, il y a autre chose...

— Quoi donc?

— La pancarte du bureau, d'abord. Dans la soirée, elle n'était plus sur la porte et je me souviens que j'ai été très étonnée, un peu plus tard, de découvrir que le bureau se trouvait dans un autre corps de bâtiment. Et ce n'est pas tout! Il y a aussi l'hôtesse de l'air, celle qui est venue frapper à la porte. Je l'ai revue... A Bagdad et, ce qui est mieux, au Rameau d'Olivier. Le premier jour où j'y suis allée... Elle était arrivée pendant que j'étais chez le docteur Rathbone et, quand je suis partie, elle parlait avec Catherine. J'ai eu nettement l'impression de l'avoir déjà rencontrée...

Après un silence, elle conclut :

— Non, croyez-moi, Edward, tout ça, je ne l'ai pas rêvé!

Edward hocha la tête.

— De toute façon, dit-il, nous en revenons toujours au Rameau d'Olivier et à Catherine. Il faut, j'y insiste, que vous fassiez amitié avec Catherine. Flattez-la, soyez gentille avec elle, ayez l'air de partager ses idées, faites ce qu'il faudra, mais arrangez-vous pour savoir quels sont ses amis et qui elle fréquente au dehors!

— Ce ne sera pas facile, mais j'essaierai. Et Dakin? Je lui raconte tout ça?

— Bien entendu! Mais attendez quarante-huit heures. D'ici là, nous en saurons peut-être plus long...

Edward poussa un profond soupir et ajouta :

— Ce soir, je conduirai Catherine au Select... Le ton indiquait clairement qu'il n'attendait aucun plaisir de cette soirée au cabaret. Victoria, pour une fois, ne se sentit pas jalouse.

2

Victoria était si contente de ses dernières découvertes qu'il ne lui fut point difficile, le lendemain, de se montrer extrêmement aimable avec Catherine. Elle la remercia encore une fois d'avoir bien voulu lui indiquer quelqu'un qui pourrait lui laver les cheveux. Un shampooing leur ferait du bien. Affirmation d'une vérité incontestable, Victoria étant revenue à Babylone, non plus brune, mais couleur de rouille.

— On voit à vos cheveux, lui dit Catherine, que vous étiez dehors, hier, pendant la tempête de sable.

— J'ai loué une voiture et je suis allée à Babylone, répondit Victoria. Au retour, nous roulions dans de tels nuages de poussière que j'ai cru périr étouffée et aveuglée!

— C'est intéressant, Babylone! reprit Catherine. Seulement, il faut y aller avec quelqu'un qui en comprenne la beauté et sache vous la faire apprécier. Pour ce qui est de vos cheveux, je vous conduirai ce soir chez cette Arménienne dont je vous ai parlé. Elle vous fera un shampooing à la crème. C'est ce qu'elle a de mieux...

— J'ai toujours admiré vos cheveux! déclara Victoria. Comment faites-vous pour les avoir si beaux? Je me le suis toujours demandé!

Elle mentait effrontément, mais Catherine paraissait ravie. Victoria se dit qu'Edward avait raison : la flatterie peut être utile.

Leur journée finie, Catherine et Victoria, qui semblaient devenues d'excellentes amies, quittèrent ensemble le Rameau d'Olivier. Elles s'engagèrent dans un dédale de petites rues, toutes plus ou moins identiques, pour s'arrêter enfin devant une porte dont rien n'annonçait qu'elle fût celle d'un salon de coiffure. L'Arménienne, Mlle Ankoumian, parlait anglais, mais très lentement. Elle fit passer Victoria dans une pièce dont la propreté surprit heureusement la jeune fille. La cuvette était nette, les robinets étaient bien astiqués et des flacons de lotion et d'eau de Cologne s'alignaient sur des rayons. Catherine se retira et Victoria se confia aux mains expertes de Mlle Ankoumian. Sa toison se transforma bientôt en une masse d'écume, blanche et savonneuse.

— Maintenant, si vous voulez bien vous pencher...

Victoria obéit. Un robinet versa un flot d'eau sur ses cheveux.

Brusquement, elle crut sentir une odeur sucrée, une odeur écœurante, qui s'associait dans son esprit à des souvenirs d'hôpital. Presque au même instant, un tampon humide lui était appliqué sur le nez et la bouche. Elle se débattit, elle essaya de se retourner. Impossible! Une main de fer maintenait le tampon en place... Elle suffoquait, ses oreilles bourdonnaient...

Bientôt, elle sombrait dans le néant.

CHAPITRE XVIII

Quand Victoria reprit conscience, des souvenirs lui revinrent, vagues et confus. Elle se revit jetée dans une voiture, où se trouvaient des gens qui se disputaient en arabe. Elle avait la nausée. On lui projetait des lumières dans les yeux, on l'étendait sur un lit et quelqu'un lui levait le bras. Une aiguille s'enfonçait dans sa chair... Puis, de nouveau, elle retombait dans le noir.

Maintenant, dans une certaine mesure au moins, elle était redevenue Victoria Jones... Mais qu'était-il arrivé à Victoria Jones?... Elle essayait de se le rappeler... Elle se souvenait de Babylone. Du soleil. De ses cheveux pleins de poussière, de Catherine à l'air sournois qui la conduisit chez cette Arménienne qui lui fit un shampooing. Là une odeur l'écœura... chloroforme sans doute. Après, que s'était-il passé? On l'avait enlevée, mais menée où?

Victoria essaya de s'asseoir sur sa couche. Elle était sur un lit, terriblement dur, et sa tête lui faisait très mal. Elle avait l'impression que tout tournait autour d'elle. Cette piqûre, c'était pour la droguer, bien sûr!... Elle devait être encore à demi inconsciente...

En tout cas on ne l'avait pas tuée. C'était déjà ça. Mais pourquoi? Elle se sentait trop faible pour y réfléchir. Mieux valait qu'elle dorme encore. Ce qu'elle fit. Quand elle s'éveilla, elle se sentait plus lucide et il faisait grand jour. Elle se trouvait dans une pièce petite, mais très haute où ne filtrait qu'une pâle clarté. Le sol était de terre battue. Les seuls meubles : le lit et une table boiteuse supportant une vieille cuvette émaillée; à côté, un seau en zinc. La fenêtre, pourvue d'un treillage en bois, permettait cependant de voir au dehors. Victoria alla regarder : des eucalyptus poussiéreux, des tamaris touffus, des soucis d'un beau rouge orangé, des palmiers, bref un jardin vraisemblablement très joli aux yeux d'un Oriental, mais qu'un Anglais de la banlieue de Londres eût jugé avec sévérité. Une enfant au visage tatoué de bleu et aux bras couverts de bracelets jouait avec une balle, tout en chantonnant d'une voix nasillarde qui faisait songer aux cornemuses d'Ecosse.

Victoria alla à la porte, constata qu'elle était solide, et fermée, et alla se rasseoir sur son lit.

Où était-elle? Certainement pas à Bagdad, il n'y avait là-dessus aucun doute. Qu'allait-il advenir d'elle? Question à laquelle il lui était impossible de répondre. Mr Dakin, elle s'en souvint, lui avait recommandé de ne pas « faire de l'héroïsme ». Malgré elle, elle sourit. Elle avait probablement raconté tout ce qu'elle savait, sous l'influence de la drogue...

Une seule chose la rassurait : elle était *vivante*. Il suffisait de « tenir » jusqu'à l'arrivée d'Edward. Que ferait-il, Edward, quand il s'apercevrait de la disparition de Victoria? Irait-il trouver Mr Dakin? Préférerait-il s'occuper seul de l'affaire? Comment le deviner? Soupçonnerait-il Catherine seulement?

Victoria n'en savait trop rien. Tout, en effet, dépendait de ce qu'Edward avait dans le cerveau. Il était gentil, sympathique, séduisant. Mais était-il intelligent? Victoria aurait voulu en être sûre...

Intelligent, Mr Dakin l'était. Incontestablement. Mais bougerait-il? Victoria ne le croyait guère. Pour lui, qu'était-elle? Un agent, parmi des centaines d'autres. Ils prenaient des risques, couraient leur chance et, s'il leur arrivait un coup dur, c'était tant pis pour eux! On faisait une croix sur leur nom et on leur cherchait un remplaçant. Non, Mr Dakin ne ferait rien. Après tout, il avait prévenu Victoria...

Et il n'était pas le seul! Le docteur Rathbone aussi l'avait prévenue. Ou menacée... Au surplus, prévenue ou menacée, peu importait! L'événement n'avait pas tardé à donner un sens à ses propos...

Un bruit de pas avertit Victoria que quelqu'un approchait, une clé tourna dans l'énorme serrure rouillée de la porte s'ouvrit devant un Arabe porteur d'un plateau en étain assez lourdement chargé. Il n'avait pas l'air méchant et c'est avec un large sourire que, tout en disant en arabe des choses que Victoria ne pouvait comprendre, il posa le plateau sur la table. Il ajouta quelques mots, accompagnés de ce geste expressif qui, dans tous les pays du monde, signifie « manger », puis se retira, fermant soigneusement la porte à clé.

Victoria examina avec intérêt la nourriture qu'on lui proposait : un bol de riz, quelque chose qui ressemblait à des feuilles de chou roulées, une copieuse tranche de pain arabe et une cruche d'eau fraîche. Elle commença par étancher sa soif, puis elle attaqua le riz, qu'elle trouva bon, et les feuilles de chou qui enveloppaient un hachis d'un goût assez particulier, mais nullement désagréable.

Son repas terminé, elle se sentit mieux et jugea que le moment était venu de réfléchir sérieusement. Elle avait été chloroformée et enlevée. Quand? Un soir. Mais y avait-il longtemps de cela? Impossible de le préciser. Deux ou trois jours sans doute. Mais peut-être beaucoup plus...

Où était-elle? Là encore, mystère absolu. Hors de Bagdad, bien sûr, mais où? Comment le deviner? Et même, comment le demander, puisqu'elle ne parlait pas un mot d'arabe?

Des heures passèrent, assez sombres, puis son geôlier reparut avec un nouveau plateau. Deux femmes le suivaient, voilées l'une et l'autre, qui restèrent sur le seuil, échangeant des réflexions qui les faisaient rire. L'homme leur fit signe de se retirer, posa son plateau et, emportant l'autre, s'en alla à son tour. Avant de refermer la porte, il se retourna vers Victoria et dit à trois reprises :

— *Bukra... Bukra... Bukra...*

Ce mot, Victoria le connaissait. Il signifiait : « demain ». Demain donc il se passerait quelque chose. Quoi? Elle ne voyait que deux hypothèses valables : ou sa captivité prendrait fin ou ce serait... sa vie même qui prendrait fin! A la réflexion, elle se dit qu'elle avait tout intérêt « demain » à *être ailleurs...*

Seulement, était-ce possible? Pour la première fois, elle étudia le problème avec attention. Elle alla à la porte. De ce côté-là rien à faire. La serrure n'était pas de celles qu'on force avec une épingle à cheveux. Victoria se rendait d'ailleurs fort bien compte qu'il n'était pas au monde une serrure dont elle serait venue à bout avec une épingle à cheveux, si résistante fût-elle...

La fenêtre? Le treillage à moitié pourri ne représentait pas un obstacle insurmontable, à condition d'opérer sans bruit, mais il y aurait ensuite à faire un saut de trois ou quatre mètres. L'entorse à l'atterrissage — ou la fracture — était une quasi-certitude. Naturellement, dans les romans, on se fabriquait une corde avec des draps. Par malheur, Victoria ne disposait que d'une mauvaise couverture en coton dont on ne pouvait rien tirer.

— Et zut!

Découragée, Victoria avait juré tout haut. Elle entendait pourtant bien fuir. Ses geôliers lui paraissaient des gens simples, incapables de penser qu'une personne, si bien enfermée, puisse concevoir l'idée de s'évader. L'ennemi dangereux, celui ou celle qui l'avait enlevée, ne se trouvait pas dans cette maison ; il ne viendrait sans doute que demain « *bukra* ».

— Conclusion, murmura-t-elle, c'est aujourd'hui que je m'en vais! Pour commencer, mangeons!

Le repas, cette fois encore, était « honnête » : du riz, quelques morceaux de viande pris dans une belle sauce rouge et des oranges. Victoria but ensuite quelques gorgées d'eau, puis, posant la cruche, la renversa. Tout en la ramassant d'un geste instinctif, elle remarqua qu'à l'endroit où le liquide s'était répandu sur le sol une petite flaque de boue s'était formée, presque instantanément. Une idée lui vint tout aussitôt.

— Tout dépend de la clé, dit-elle à mi-voix. Si elle est restée sur la porte, il y a de l'espoir...

Le soir commençait à tomber. Victoria alla coller son œil au trou de la serrure. Elle ne vit rien. C'était bon signe. La clé était là. Restait à la chasser. Il fallait un corps dur, un crayon ou un stylo suffirait, mais on lui avait pris son sac à main. Elle ne disposait que d'une cuiller, objet beaucoup trop grand. Heureusement elle jeta les yeux sur ses souliers. Elle en enleva un, retira la semelle intérieure et la roula en une tige très fine qu'elle introduisit dans le trou de la serrure. Elle dut fourgonner à l'intérieur pendant deux ou trois minutes, mais elle finit par obtenir un résultat : la clé tomba sur le sol avec un bruit presque imperceptible.

— Maintenant, dit Victoria, parlant tout haut sans s'en

douter, il faut faire vite! Dans un quart d'heure on n'y verra plus...

Elle alla chercher la cruche et versa de l'eau par terre, tout près de la porte. Après quoi, avec la cuiller, elle creusa dans la boue fraîche. L'opération prit du temps et la cruche ne contenait presque plus d'eau quand Victoria, les manches de son corsage retroussées au-dessus du coude, put glisser son bras sous la porte. Elle avait repéré la clé, mais celle-ci restait hors de son atteinte. Victoria songea alors à l'épingle de nourrice qui assurait provisoirement la liaison entre sa chemise et une de ses épaulettes. Bientôt, elle disposait d'un crochet qu'elle fixa dans une tranche de pain arabe. Quelques instants plus tard, la clé était entre ses mains. A genoux, les mains pleines de boue, Victoria s'accorda trente secondes pour se dire qu'elle était vraiment « une fille épatante », puis se leva et introduisit la clé dans la serrure. Elle attendit quelques instants. On n'entendait que le chœur des chiens du voisinage. Elle savait qu'ils aboieraient jusqu'au jour. Elle tourna la clé, poussa la porte et jeta par l'entrebâillement un coup d'œil prudent. Elle vit une petite pièce, au fond de laquelle il y avait une porte ouverte. Elle avança sur la pointe des pieds. Au delà de la porte, une escalier conduisait au jardin.

Victoria en savait assez. Elle regagna sa « prison », où, selon toute probabilité, nul ne viendrait plus la déranger ce soir-là. Elle attendrait la nuit et, quand alentour tout dormirait, elle s'en irait. La chance était avec elle : près de la porte, elle avait remarqué un tas de chiffons qui ne pouvait être qu'une vieille *aba*, un costume arabe qui lui serait bien utile pour cacher ses vêtements européens.

Elle patienta longtemps. Le moment vint enfin où le silence quasi total s'établit, troublé seulement par les hurlements des chiens et le nasillement d'un vieux phono qui, très loin, ressassait des mélopées arabes. Victoria crut reconnaître aussi le cri du chacal.

— Tant pis! dit-elle. On y va!

Elle sortit, fermant la porte et laissant la clé dans la serrure, traversa avec précaution la pièce voisine, ramassa au passage la vieille *aba*, et se trouva en haut de l'escalier. La lune était encore assez bas dans le ciel, mais elle éclairait suffisamment. Elle descendit quelques marches et s'arrêta. Elle était à la hauteur d'un mur de torchis assez large, qui clôturait le jardin et une question se posait : devait-elle descendre jusqu'au bas de l'escalier et passer devant la maison dans laquelle elle entendait quelqu'un ronfler, ou suivre le faîte du mur, pour gagner la palmeraie qu'elle apercevait un peu plus loin? Victoria choisit le mur. Quelques instants plus tard, elle sautait dans une petite ruelle fort étroite prise entre deux murs de brique. Elle se reçut sans mal et, tout de suite, se mit à courir droit devant elle et aussi vite qu'elle pouvait.

Un tournant se présenta, qu'elle prit sans hésiter, débouchant dans une voie un peu plus large, qui ne pouvait être que la grande rue du village. Elle la suivit, courant toujours. Les maisons, basses et silencieuses, se ressemblaient toutes. Victoria franchit un pont qui enjambait une rivière bourbeuse. Elle alla longtemps encore, puis, le souffle lui manquant, elle s'arrêta.

Le village était loin derrière elle. La lune maintenant assez haute, éclairait un paysage désolé : un terrain caillouteux, inculte et manifestement désertique. Victoria était bien sur un semblant de piste, mais rien n'indiquait où cette piste pouvait mener et les connaissances de la jeune fille en cosmographie ne lui permettaient même pas de demander aux étoiles où pouvait se trouver la direction du nord. Victoria, sa respiration recouvrée, poussa un long soupir et se remit en route.

Elle marchait d'un bon pas et, quand elle vit poindre l'aube, elle avait les pieds terriblement douloureux. D'après le soleil, elle se rendit compte qu'elle se dirigeait à peu près vers le Sud-Ouest, un renseignement qui ne l'avançait en rien, puisqu'elle ignorait d'où elle était partie. Elle quitta la piste pour gravir une petite colline assez raide, du haut de laquelle elle inspecta l'horizon. L'examen la découragea. Qu'elle regardât à droite, à gauche, devant elle ou derrière elle, le spectacle était le même... et il n'y avait rien à voir! Baigné dans la tendre lumière de l'aurore, le paysage était magnifique, avec ses couleurs de pastel, qui mettaient sur les dunes des ombres violettes, mauves et bleues. Magnifique mais effrayant. Aucun signe de vie aussi loin que le regard pouvait porter. Il n'y avait là que Victoria Jones seule!

Où était-il, le village qu'elle avait fui? Elle ne le découvrait même plus. Elle ne voyait que la piste, interminable. Etait-ce possible qu'elle eût couvert tant de chemin? Affolée, elle fut sur le point de retourner sur ses pas. Voir quelqu'un, n'importe qui, mais quelqu'un...

Elle se reprit. Elle avait voulu se sauver, elle s'était sauvée, il ne fallait pas qu'elle s'imaginât être tirée d'affaire, simplement parce qu'elle avait réussi à mettre quelques milles entre elle et ses geôliers. Avec une auto, cette distance-là ne comptait pas et, sa disparition constatée, on s'était évidemment mis à sa recherche. Il fallait se cacher. Mais où? Elle se drapa comme elle put dans la vieille *aba* noire qu'elle portait sous son bras et elle ramena le voile sur son visage. Après quoi, elle retira ses chaussures et ses bas. Voilée et pieds nus, une femme arabe, si loqueteux que fussent ses vêtements, ne risquait rien. Aucun indigène n'aurait l'audace de lui adresser la parole. Mais ceux qui la recherchaient seraient-ils des Arabes ou des Européens? Des Européens, que son déguisement ne tromperait pas...

Trop fatiguée pour se remettre en route, elle jugea qu'elle ne pouvait mieux faire que de se reposer un peu. De la petite éminence sur laquelle elle se trouvait, elle pouvait, cachée derrière un buisson d'alfa, surveiller les alentours. Si une auto arrivait, elle la verrait venir et elle déciderait à ce moment-là de ce qu'il convenait de faire. Des Européens pouvaient seuls la ramener vers la civilisation. Mais il fallait qu'elle fût sûre que ces Européens n'étaient pas ceux qui lui voulaient du mal. Et, à distance, comment les distinguer?

Le problème la tracassait encore quand, épuisée, elle s'endormit. A son réveil, le soleil était au zénith. Elle avait les membres raides et l'esprit peu clair. Elle mourait de soif. Elle passait une langue rêche sur ses lèvres sèches quand un bruit de moteur, faible mais distinct, frappa ses oreilles. Prudemment, elle leva la tête. La voiture ne venait pas du village. Elle semblait au contraire s'y rendre. Ses occupants n'étaient donc pas à la poursuite de Victoria.

L'auto, qui n'était encore qu'un petit point noir au lointain, disparut dans une dépression de terrain. Victoria la revit bientôt. Un Arabe était au volant, un Européen à côté de lui.

Que faire? Victoria hésitait. Courir à la rencontre de ces gens qui, peut-être, lui sauvaient la vie? Oui... Mais si c'était l'ennemi? La piste était peu fréquentée. Pour que cette voiture la suivît... Ne pas bouger, c'était la certitude de mourir de soif et d'épuisement... Se signaler, c'était peut-être s'offrir à l'ennemi.

Victoria n'avait pu encore se résoudre à prendre un parti quand l'auto, quittant la piste, fit un brusque virage : elle venait vers la butte d'où Victoria l'observait.

Victoria avait été vue!

Elle s'aplatit sur le sol et resta immobile. Elle entendit le moteur s'arrêter, puis une portière qui claquait. Quelqu'un dit quelques mots en arabe. Un silence suivit. Elle risqua un œil et aperçut un homme, l'Européen, qui gravissait le monticule. De temps en temps, il se baissait pour ramasser quelque chose par terre. Il ne semblait pas le moins du monde s'occuper de Victoria. De plus, c'était indiscutablement un Anglais. Soulagée, Victoria se mit debout et alla à sa rencontre. De loin, avant même qu'il ne l'eût vue, elle l'interpella :

— Si vous saviez ce que je suis heureuse que vous soyez là!

Il leva la tête, stupéfait.

— Que diable faites-vous...? Mais... vous êtes Anglaise?

Victoria, éclatant de rire, se dépouilla de son *aba*.

— Bien sûr!... Est-ce que vous pouvez me ramener à Bagdad?

— Je n'y vais pas. J'en viens. Mais que diable faites-vous ici, en plein désert?

— On m'a enlevée, répondit Victoria.

D'un trait, elle ajouta :

— J'étais allée me faire faire un shampooing, on m'a chloroformée et, quand je suis revenue à moi, j'étais emprisonnée dans un village qui est par là...

Elle indiquait la direction.

— A Mandali?

— C'est possible! Je me suis sauvée hier soir, j'ai marché toute la nuit... et je me cachais parce que je ne savais pas si vous n'étiez pas un ennemi...

L'homme écoutait, sans réaction visible. Il était grand, blond, et ne devait pas avoir plus de trente-cinq ans. Il tira un lorgnon de la poche de son veston, le plaça en équilibre sur son nez et toisa Victoria des pieds à la tête, avec une expression de mépris à peine dissimulée. Il était manifeste qu'il ne ne croyait pas un mot de ce qu'elle venait de dire. Elle s'en rendit compte et, rageuse, elle ajouta :

— C'est la vérité, la pure vérité!

Il paraissait plus sceptique que jamais.

— Très curieux! dit-il avec flegme.

Victoria était au désespoir. Quand elle inventait des mensonges, c'était un jeu pour elle que de les faire avaler à n'importe qui. Quand elle disait la vérité, personne ne voulait la croire!

— En tout cas, reprit-elle, ce qu'il y a de sûr, c'est que je mourrai de soif si vous ne me donnez pas à boire et que je mourrai de soif également si vous me laissez ici!

— Il n'en est pas question, répliqua l'étranger, sur le même ton très calme. Il est inconvenant qu'une Anglaise erre seule dans le désert. Vos lèvres sont gercées... Abdul!

— Sahib?

Le conducteur de la voiture s'était approché. Son maître, lui ayant donné quelques ordres en arabe, il courut à l'auto et en revint bientôt avec une bouteille Thermos et une tasse en bakélite. Victoria but avidement quelques gorgées d'eau.

— Ça va mieux! dit-elle ensuite.

L'Anglais jugea le moment venu de se présenter.

— Je m'appelle Richard Baker.

— Et moi, Victoria Jones...

Résolue à obtenir de son « sauveur » mieux qu'une considération distante, elle précisa :

— Victoria Pauncefoot Jones... Je vais rejoindre mon oncle, le docteur Pauncefoot Jones, qui fait des fouilles par ici.

— Quelle coïncidence extraordinaire! s'écria Baker, regardant la jeune fille avec un renouvellement de surprise. Je vais le retrouver, moi aussi. Il n'est pas à plus de quinze milles d'ici. Convenez que si quelqu'un devait vous venir en aide, c'était bien moi!

Victoria, littéralement anéantie, ne répondit pas : elle était incapable d'articuler un mot. Sans rien dire, elle suivit Richard et monta dans la voiture.

— Je suppose que vous êtes l'anthropologiste, reprit-il, tout en l'installant sur la banquette arrière. On m'avait dit que vous veniez, mais je ne pensais pas que vous arriveriez si tôt dans la saison...

Il retira de ses poches quelques-unes des trouvailles qu'il avait faites sur les pentes du monticule, les examina et dit :

— Un gentil petit tell, mais, en définitive, qui ne recèle rien de bien extraordinaire... De la poterie assyrienne, surtout.

Avec un sourire, il ajouta :

— Je suis content que, malgré tous vos ennuis, votre instinct d'archéologue vous ait amenée à explorer un tell...

Victoria ouvrit la bouche pour parler, mais la ferma sans avoir rien dit. Le chauffeur mettait en marche.

Victoria restait silencieuse. Qu'aurait-elle dit? Evidemment, elle serait démasquée dès qu'ils auraient rejoint l'expédition et il lui faudrait reconnaître son imposture. Mais cet aveu, elle aimait mieux le faire là-bas. Se confesser au milieu du désert à ce Mr Richard Baker, qui pouvait fort bien la laisser là, c'était trop risqué! En mettant les choses au pire, le docteur Pauncefoot Jones la renverrait à Bagdad. Elle ne l'avait jamais vu, mais, sans le connaître, elle préférait avoir affaire à lui et tout lui raconter plutôt qu'à ce Richard Baker qui n'avait pas l'air de se prendre pour le premier venu et qui ne la croyait pas, même quand elle disait « la vérité vraie ».

Baker, assis à l'avant près du conducteur, se retourna.

— Nous n'allons pas sur Mandali, expliqua-t-il. A un mille d'ici, nous quittons la piste. Le difficile, c'est de se repérer...

Il y parvenait fort bien pourtant, à en juger par les indications qu'il donnait à Adbul. La voiture prit à droite d'abord, puis à gauche.

— Nous sommes sur le bon chemin, annonça-t-il.

D'où lui venait cette certitude? Victoria se le demanda jusqu'au moment où elle distingua sur le sable des empreintes de pneus, d'ailleurs à demi effacées déjà.

— Ah! s'écria soudain Richard, voilà qui va vous intéresser, puisque vous ne connaissez pas encore le pays!

Il fit arrêter la voiture. Sur une piste qui coupait celle qu'il suivait, le jeune homme venait d'apercevoir deux Arabes, qui portaient, le premier un court banc en bois, l'autre une sorte de caisse de dimensions très respectables. Il les appela. Ils s'empressèrent d'accourir avec une joie évidente et acceptèrent avec plaisir les cigarettes qu'il leur offrait.

Richard, de nouveau, se retourna vers Victoria :

— Vous aimez le cinéma?

— Bien sûr!

— Alors, sortez de la voiture! Vous allez en voir.

Surprise, Victoria obéit. Les Arabes cependant, posaient le banc sur le sable et installaient tout à côté l'énorme caisse dont une des parois était percée de deux trous, par lesquels on pouvait regarder à l'intérieur.

Victoria s'assit sur le banc.

— Ça me rappelle les appareils qu'on trouve sur les plages! dit-elle. Vous savez? On met un penny et on voit *Les Surprises du maître d'hôtel* ou *Le Déshabillé de la Parisienne*...

— C'est quelque chose du même genre, répondit Richard.

Victoria appliqua ses yeux contre l'espèce de lunette ouverte dans la caisse et regarda. Un des Arabes se mit à tourner lentement une manivelle, tandis que l'autre entonnait un boniment en forme de mélopée.

— Que dit-il? demanda Victoria.

— Je traduirai à mesure, dit Richard.

Et il commença :

— Approchez-vous et préparez-vous à admirer les merveilles du monde depuis la plus haute antiquité jusqu'à nos jours!

Victoria avait sous les yeux l'image, grossièrement peinturlurée, de noirs occupés à la récolte du coton.

— La vie en Amérique, dit Richard, traduisant toujours.

La vue changea.

— L'épouse du grand Shah du monde occidental...

C'était l'impératrice Eugénie caressant ses longues boucles de ses doigts fuselés.

Suivirent, annoncées de façon tout aussi pittoresque, d'autres images non moins imprévues : la tour Eiffel, le prince Albert, Disraëli, les fjords norvégiens et, pour finir, des patineurs à Interlaken.

— Nous vous avons montré les choses les plus merveilleuses du monde, dit Richard achevant sa traduction. Puisse votre générosité n'être pas indigne de ce spectacle incomparable dans lequel tout était sincère et véridique!

Victoria se leva.

— Stupéfiant! déclara-t-elle, ravie. Jamais, je n'aurais cru ça!

Richard récompensa largement les Arabes, échangea avec eux de longues formules de politesse, puis les deux homme, l'ayant remercié une fois encore, reprirent leur route.

— Où vont-ils ? demanda Victoria reprenant place dans la voiture.

— Partout, répondit Richard. Je les ai rencontrés pour la première fois en Transjordanie. Ils venaient de la mer Morte et se rendaient à Ammam. Actuellement, ils se dirigent vers

Kerbela. Ils prennent des pistes peu fréquentées afin de visiter les villages les plus reculés.

— Ils doivent bien, de temps en temps, rencontrer quelqu'un qui leur fait faire un bout de chemin en voiture?

— Vous raisonnez en Européenne, dit Richard en riant. Ils ne sont pas pressés. Ici, le temps ne signifie rien...

— On me l'a déjà dit, mais c'est une chose que je n'arrive pas à comprendre!

— Les Arabes, eux ne comprennent pas notre hâte perpétuelle, notre impatience d'en avoir tout de suite fini, et ils trouvent très mal polie l'habitude que nous avons d'en venir tout de suite au fait. Ils préfèrent une heure de bavardages préliminaires... ou même le silence.

— Si on prenait ce genre-là dans les bureaux de Londres, on en perdrait du temps!

— Peut-être... Mais nous revenons à notre point de départ : le temps, qu'est-ce que c'est? Et « *perdre* du temps », qu'est-ce que ça veut dire?

Victoria médita là-dessus pendant un bon moment. Richard se retournant encore, l'arracha à ses spéculations.

— Nous n'allons pas tarder à voir le Ziggurat. En attendant, regardez sur la gauche... Vous voyez, là-bas?

— Qu'est-ce que c'est?... Des nuages?

— Non, les montagnes du Kourdistan... Des sommets couverts de neige... On ne les aperçoit que par temps très clair.

Victoria admira. Elle aurait voulu que cette promenade ne finît jamais. Elle pensait à la façon dont elle se terminerait, à ce docteur Pauncefoot Jones, de qui elle aurait bien voulu savoir à quoi il ressemblait. Elle l'imaginait avec une longue barbe grisonnante et de gros sourcils hérissés. Bien sûr, il ne serait pas content. Seulement, il serait quand même obligé de reconnaître que Victoria avait fait du bon travail, puisqu'on saurait, grâce à elle, à quoi s'en tenir sur le compte de Catherine, du docteur Rathbone et du Rameau d'Olivier.

— Nous approchons, dit Richard, l'index pointé vers l'horizon.

Victoria regarda. Il lui fallut un certain temps pour distinguer quelque chose : une colline d'abord, qui se transforma bientôt en un tell impressionnant, flanqué sur un de ses côtés d'une longue construction basse, en brique et en torchis.

— La maison, expliqua Richard.

Quelques instants plus tard, ils étaient arrivés à destination. Des serviteurs en robe blanche se précipitèrent pour les saluer. Richard échangea quelques mots avec eux. Il revint ensuite vers Victoria restée dans la voiture.

— Autant qu'il me semble, dit-il, on ne vous attendait pas si tôt, mais cela n'a aucune importance ! On va faire votre lit et, auparavant, on vous donnera de l'eau chaude. J'imagine que vous ne serez pas fâchée de vous débarbouiller et de vous reposer un peu. Le docteur Pauncefoot Jones est sur le tell. Je vais aller le voir. Ibrahim s'occupera de vous...

Ibrahim, le visage illuminé d'un large sourire, conduisit Victoria à l'intérieur de la maison. Ils traversèrent une grande salle meublée de tables solides et de quelques fauteuils fatigués, suivirent un couloir qui contournait une petite cour et arrivèrent dans une chambrette éclairée par une fenêtre minuscule. Victoria inspecta le mobilier d'un coup d'œil : un lit, un meuble à tiroirs, de confection grossière, une chaise et une table, sur laquelle étaient posés une cuvette et un pot à eau. Ibrahim s'éclipsa pour revenir presque aussitôt porteur d'un grand seau, plein d'une eau jaunâtre mais chaude, et d'une serviette de grosse toile. Souriant toujours, il enfonça un clou dans le mur et y accrocha une petite glace.

Victoria, qui savourait par anticipation le plaisir qu'elle

aurait à faire sa toilette, alla se regarder dans le miroir, curieuse de savoir « de quoi elle avait l'air ».

Elle vit son image et resta stupéfaite : elle ne se reconnaissait pas.

Les traits étaient bien les siens.

Seulement, maintenant, ses cheveux étaient blond platine.

CHAPITRE XIX

1

Richard trouva le docteur Pauncefoot Jones en plein travail. Descendu dans une tranchée avec son contremaître, le savant, maniant le pic avec précaution, s'appliquait à dégager un pan de mur. L'arrivée de son jeune collègue ne parut pas le surprendre autrement.

— Vous êtes déjà là, mon petit?... Je ne sais pas pourquoi, j'avais comme une idée que je vous attendais mardi seulement...

— Mais mardi, c'est aujourd'hui!

— Vous êtes sûr?

Sans insister, le détail ne présentant pour lui aucun intérêt, le docteur Pauncefoot Jones poursuivit :

— Venez un peu ici! Je serais content de savoir ce que vous pensez de ça... Nous sommes à peine à deux mètres et déjà les murs apparaissent... J'ai l'impression qu'il y a ici quelques traces de peinture. Venez voir!

Richard sauta dans la tranchée et les deux archéologues s'entretinrent, durant près d'un quart d'heure, de leur commune passion, envisagée sous l'angle purement technique.

— Au fait, dit Richard, je suis arrivé avec une jeune femme.

— Une jeune femme? Qui donc?

— Elle dit qu'elle est votre nièce.

— Ma nièce?

Le docteur Pauncefoot Jones essaya d'oublier ses fouilles pour faire un effort de mémoire, puis il dit :

— Je ne crois pas avoir de nièce...

Le ton n'était pas très affirmatif. Le vieux savant se méfiait. Après tout, peut-être avait-il une nièce dont il ne se souvenait plus.

— D'après ce que j'ai compris, reprit Richard, elle vient travailler avec vous.

Le visage du docteur Paunecefoot Jones s'éclaira :

— J'y suis!... Ce doit être Veronica.

— Il me semble qu'elle m'a dit s'appeler Victoria.

— C'est ça, Victoria! Emerson, de Cambridge, m'a écrit à son sujet. Il paraît que c'est une fille très douée, qui s'intéresse à l'anthropologie. Entre nous, comment on peut se passionner pour cette science-là, je me le demande!

— Mais est-ce que vous n'attendiez pas une anthropologiste?

— Si, mais elle vient un peu tôt. Jusqu'à présent nous n'avons rien pour elle. J'avais compris qu'elle n'arriverait que dans une quinzaine de jours, mais j'avais lu sa lettre rapidement... et je l'ai égarée, de sorte qu'à vrai dire je ne me souviens que très vaguement de ce qu'elle m'a écrit. Il me semblait qu'elle devait voyager avec ma femme qui sera ici la semaine prochaine... ou la suivante, je ne sais plus très bien... Il faudrait que je retrouve sa lettre, à elle aussi... Bref, je croyais que Venetia arriverait avec elle, mais je peux fort bien m'être trompé... En tout cas, nous avons de quoi l'employer... Avec toutes ces poteries que nous trouvons.

— Cette jeune femme, reprit Richard, elle n'est pas... bizarre?

Le docteur Pauncefoot Jones fronça le sourcil.

— Bizarre?... Comment ça?

— Elle n'aurait pas, par hasard, souffert d'une... dépression nerveuse ou de quelque chose d'analogue?

— Emerson m'a écrit qu'elle avait travaillé dur pour préparer ses examens, mais je ne crois pas me souvenir qu'il ait fait allusion à une maladie quelconque... Pourquoi me demandez-vous ça?

— Mon Dieu, parce que je l'ai ramassée sur le bord de la piste en plein désert. Elle était là, toute seule. C'était exactement près de ce petit tell où vous vous êtes arrêté l'an dernier...

— Je me souviens. J'ai trouvé là un fragment de vase provenant évidemment de Nouzi, que je n'aurais jamais cru découvrir par là...

Richard, esquivant la diversion archéologique, revint au sujet.

— Elle m'a raconté une histoire extraordinaire. Elle m'a dit qu'elle était allée se faire faire un shampooing, qu'on l'avait chloroformée, enlevée et emportée à Mandali, où on l'avait finalement tenue prisonnière dans une maison d'où elle s'était évadée au milieu de la nuit. J'avoue n'avoir jamais entendu conte plus abracadabrant!

Le docteur Pauncefoot Jones approuva d'un mouvement de tête.

— Le fait est que tout cela me paraît bien invraisemblable. Le pays est calme et la police est bien faite. Jamais la région n'a été plus sûre...

— C'est bien mon avis et c'est justement parce que je crois que ces aventures sont de pures inventions que je vous demandais si cette jeune personne n'a pas, comme on dit, donné des inquiétudes à son entourage. Si elle est de ces filles qui s'imaginent que leur confesseur est amoureux d'elles et que leur médecin en veut à leur vertu, elle peut nous créer des tas d'ennuis!

— Bah! répondit le docteur Pauncefoot Jones avec optimisme, elle se calmera. Où est-elle en ce moment?

— Elle fait un peu de toilette.

Richard ajouta, après une hésitation :

— Elle est arrivée sans le moindre bagage.

— Pas possible?... Elle ne se figure tout de même pas que je vais lui prêter mes pyjamas? Je n'en ai que deux... et il y en a un qui ne vaut plus grand chose! Les filles d'aujourd'hui sont vraiment des êtres extraordinaires.

Les ouvriers posaient leurs outils.

— Déjà? dit le docteur Pauncefoot Jones. Après tout, c'est possible! Allons déjeuner!

2

Victoria, qui se sentait terriblement nerveuse, trouva le docteur Pauncefoot Jones très différent de ce qu'elle avait imaginé. C'était un petit homme rondelet, à moitié chauve, avec de menues rides au coin des yeux. A la grande stupéfaction de la jeune fille, il vint à elle, les mains tendues :

— Bonjour, Venetia... pardon, Victoria! Je suis heureux de vous voir... et surpris! Je m'étais mis dans la tête que vous n'arriviez que le mois prochain. Mais je suis ravi que vous soyez là! Comment va Emersom? Son asthme ne le tourmente pas trop?

Victoria réussit à dire d'une voix presque assurée que « ça n'allait pas plus mal ».

— Il se couvre trop la gorge, reprit le docteur Pauncefoot Jones. Une grave erreur, je le lui ai toujours dit. Tous ces universitaires ont le grand tort de se préoccuper beaucoup trop de leur santé! Le seul moyen de se bien porter, c'est de ne pas se dorloter... Mais parlons de vous! Vous allez commencer par vous installer... Ma femme sera ici la semaine prochaine... ou la suivante... Vous savez qu'elle était très fatiguée?... Il faut absolument que je retrouve sa lettre!... Richard me dit que vous avez perdu vos bagages. Comment allez-vous vous arranger? Il ne m'est guère possible de faire descendre le camion avant une huitaine de jours...

— Je me débrouillerai. Il faudra bien!

Le docteur Pauncefoot Jones eut un petit rire.

— Richard et moi, nous n'avons pas grand-chose à vous prêter. Pour la brosse à dents, ça va tout seul... Nous en avons une douzaine... Qu'est-ce que nous possédons encore? Du coton, de la poudre de talc, des chaussettes, des mouchoirs...et c'est, j'en ai peur, à peu près tout!

Victoria sourit.

— Ne vous inquiétez pas! Je m'arrangerai très bien...

— Autre chose, dit le docteur Pauncefoot Jones. Je vous préviens tout de suite que nous n'avons pas de cimetière à vous offrir. Nous avons des murailles qui sortent de terre et qui ne sont pas vilaines, on trouve des poteries dans certaines tranchées mais, jusqu'à présent, pas d'ossements. Ça peut venir!... En tout cas, nous aurons de quoi vous occuper. Je ne me rappelle plus si vous êtes photographe?

Victoria, tout heureuse de découvrir quelque chose qui lui

permettrait de se rendre utile, répondit qu'elle était assez bonne photographe.

— Parfait! reprit le docteur Pauncefoot Jones. Mais je suis vieux jeu et je me sers encore de plaques. Quant à la chambre noire, elle manque de confort et son installation vous paraîtra rudimentaire...

Victoria déclara que ça n'avait pas la moindre importance. Le déjeuner terminé, Ibrahim la conduisit aux réserves de l'expédition, dans lesquelles elle préleva une brosse à dents, un tube de pâte dentifrice, une éponge et une boîte de poudre de talc.

Elle essaya de mettre un peu d'ordre dans ses idées. Aucun doute, on la prenait pour une autre, une certaine Venetia Quelque-Chose, une anthropologiste attendue par le docteur Pauncefoot Jones. Victoria ne savait même pas ce que pouvait être une anthropologiste. Elle se promit de se renseigner, si elle avait la chance de mettre la main sur un dictionnaire. Cette Venetia ne devait pas arriver avant une huitaine de jours. Victoria avait donc devant elle une semaine de tranquillité. Jusqu'à ce qu'une voiture ou un camion pût la reconduire à Bagdad, elle tâcherait d'être Victoria Machinchouette. Avec le docteur Pauncefoot Jones, montrant une distraction bien sympathique, les choses iraient toutes seules. Avec Richard Baker, c'était moins sûr! Elle n'aimait ni ses grands airs, ni cette façon qu'il avait de vous dévisager, comme s'il se demandait qui l'on pouvait bien être. Il était celui avec qui il fallait jouer serré. Heureusement, ayant pendant un certain temps travaillé comme dactylo à l'Archaeological Institute de Londres, elle avait une vague connaissance du vocabulaire des archéologues. Elle pourrait lui servir, mais il n'en fallait pas moins manœuvrer avec circonspection... A la première gaffe sérieuse, elle serait « brûlée »...

Ces huit jours de tranquillité, elle en avait besoin. Ils lui permettraient de se remettre de ses émotions. Elle pensa au Rameau d'Olivier. Là-bas, on devait se demander ce que Victoria avait bien pu devenir. Ses ennemis, évidemment, savaient maintenant qu'elle avait faussé compagnie à ses geôliers, mais ils avaient certainement perdu sa trace. La voiture de Richard n'ayant pas traversé Mandali, ils ne pouvaient avoir deviné que Victoria se trouvait avec l'expédition du docteur Pauncefoot Jones, au Tell Asouad. Ils devaient croire qu'elle s'était sauvée dans le désert, pour finalement y mourir de soif et d'épuisement.

L'ennui, c'était qu'Edward devait se dire la même chose! Elle n'y pouvait malheureusement rien. Il allait vivre quelques sombres journées. Il se reprocherait d'avoir insisté pour que Victoria fît amitié avec Catherine, il passerait par toutes sortes de tortures morales... jusqu'au jour, en somme pas tellement lointain, où Victoria lui serait rendue. Et sans doute serait-il fort surpris de la retrouver, non plus brune, mais blonde!

Ça, c'était ce qu'elle n'arrivait pas à comprendre! Pourquoi lui avait-on teint les cheveux en blond? Il devait y avoir une raison. Mais laquelle? Victoria se posait la question, tout en se regardant dans la glace. Ah! elle était jolie! Pas de poudre, pas de rouge à lèvres et des cheveux d'une blondeur manifestement artificielle, dont les racines commençaient à se révéler brunes! Une vraie catastrophe!

— Et puis zut! dit-elle tout haut. Je suis vivante, c'est le principal.

Elle s'aperçut vite qu'il ne lui était nullement désagréable de passer quelques jours avec une mission d'archéologie. Son personnage était malaisé à tenir, mais elle évitait les impairs. Elle parlait le moins possible et, en cachette, elle dévorait les livres de la bibliothèque. Ses connaissances, encore que très superficielles, pouvaient faire illusion. Du moins, elle voulait le croire. Elle s'habituait à sa nouvelle vie. On se levait très tôt et, après le thé, on se rendait aux fouilles. Avec Richard, elle faisait des photos. Ou bien, elle classait des fragments de poterie, trouvés dans les tranchées. Elle commençait à distinguer les époques et sa seule crainte était qu'on découvrît des tombes. Ses recherches sur ce que pouvait être l'anthropologie étaient demeurées vaines. Aussi avait-elle décidé que, si l'on mettait une tombe à jour, elle s'aliterait avec une crise de foie.

Elle n'eut pas à en arriver là. Il n'était pas question de nécropole, au moins pour le moment, mais d'un palais, dont les murailles sortaient de terre peu à peu. Victoria suivait avec passion les progrès du travail. Richard, qui parfois encore la regardait d'un air ironique, se montrait avec elle plus gentil et plus aimable qu'au début. L'enthousiasme de Victoria l'amusait beaucoup.

— J'étais comme vous, dit-il, un jour, la première fois que j'ai participé à des fouilles.

— Il y a longtemps de cela?

Il sourit.

— Plutôt... Quinze ou seize ans.

— Vous devez bien connaître le pays!

— Celui-ci... et puis d'autres! La Syrie, la Perse...

— Parlant arabe comme vous le faites, vous pourriez facilement vous faire passer pour un Arabe. Il ne vous faudrait que le costume...

Il secoua la tête.

— Ne croyez pas ça!... Je ne pense pas qu'il y ait un seul Anglais qui ait jamais pu se faire prendre pour un Arabe.

— Pourtant, Lawrence?

— Peut-être, mais ce n'est pas sûr. Non, pour moi, le seul homme qui ait jamais réussi à se déguiser en Arabe et à tromper les indigènes eux-mêmes est un garçon que j'ai connu et qui était né en Orient. Son père était consul à Kashgar ; il avait, tout enfant, appris toutes sortes de dialectes généralement ignorés des Européens et j'imagine qu'il ne les a pas oubliés...

— Qu'est-il devenu?

— Je l'ai perdu de vue quand nous avons quitté le collège. Nous étions à Eton ensemble. On l'appelait le Fakir, parce qu'il pouvait rester un temps interminable sans bouger. Je ne sais pas ce qu'il fait maintenant... encore que je m'en doute un peu.

— Vous ne l'avez jamais revu?

— Si, une fois... A Bassorah, l'autre jour... Je l'ai même rencontré dans des circonstances assez curieuses...

— Ah, oui?

— Je ne l'avais pas reconnu. Il était habillé comme un Arabe, avec le *keffiyah* et une vieille vareuse d'uniforme. Il égrenait entre ses doigts un de ces colliers de perles d'ambre, comme les Arabes en ont parfois, et j'y faisais à peine attention quand je me suis aperçu que les perles ne tombaient pas l'une sur l'autre à intervalle régulier et qu'en fait il s'agissait d'un message en morse, *qui m'était destiné...*

— Comment vous en êtes-vous rendu compte?

— Il répétait mon nom, ou plutôt mon surnom, et le sien!

« Qu'il allait y avoir de la bagarre et qu'il comptait sur moi.

— C'était vrai?

— Oui. Il s'est levé, allant vers la porte, et, au même instant, une espèce de voyageur de commerce, un type de qui on ne pouvait vraiment pas se méfier, étant donné son air calme et paisible, a tiré un revolver de sa poche et l'a brandi dans sa direction. J'ai administré un coup sec sur le bras du bonhomme et Carmichaël a pu disparaître...

— Carmichaël?

Elle avait répété le nom d'un ton si étrange que Richard tourna la tête vers elle.

— Oui... C'est son nom. Vous le connaissez?

Victoria songea qu'elle obtiendrait un bel effet de surprise si elle répondait : « Il est mort dans mon lit. »

— Oui, dit-elle, je le connaissais.

— Vous le *connaissiez*? Est-ce que ça signifie qu'il...

Victoria hocha la tête.

— Oui. Il est mort.

— Quand ?

— A Bagdad, il y a quelques jours. Au Tio Hotel...

Très vite, elle ajouta :

— On ne l'a pas dit... Personne ne le sait...

Il y eut un silence de quelques secondes.

— Mais, demanda-t-il, vous, comment se fait-il que vous le sachiez?

— J'ai été mêlée à l'affaire... par accident.

Il la regarda longuement, ne sachant que penser. Brusquement, elle reprit :

— Au collège, votre surnom, ce n'était pas Lucifer?

— Lucifer? Non. On m'appelait le Hibou... Parce que je portais déjà de grosses lunettes...

— Et, à Bassorah, vous ne connaissez personne qu'on appellerait Lucifer?

Il réfléchit.

— Non... Lucifer, le fils du Matin, l'Ange déchu... Non, je ne vois pas de Lucifer...

Scrutateur, son regard se posait sur Victoria.

— J'aimerais, reprit-elle d'un ton décidé, que vous me racontiez exactement ce qu'il s'est passé à Bassorah.

— Mais je vous l'ai dit!

— Pas complètement. Cet incident, où a-t-il eu lieu?

— Dans l'antichambre du consulat. J'étais venu rendre visite à Clayton, le consul.

— Qui y avait-il dans la pièce avec vous? Carmichaël, ce voyageur de commerce... Et qui encore?

— Deux personnes, si je me souviens bien. Un petit type à la peau brune, probablement un Français, et un vieillard, un Persan.

— Vous avez dit que Carmichaël avait « disparu »... Par où est-il parti?

— Il a d'abord suivi le long couloir qui mène au cabinet du consul. Au fond, il y a une porte, ouvrant sur les jardins...

— Je sais, dit Victoria. J'ai séjourné au consulat. Vous veniez juste de partir quand je suis arrivée...

— Tiens? C'est curieux...

Il continuait à l'examiner, mais elle ne se souciait pas de lui. Elle revoyait le consulat, avec son grand couloir et la porte qui, tout au bout, mettait comme un rectangle inondé de soleil.

— Il est donc parti vers les jardins?

— Oui. Puis, brusquement, il a fait demi-tour et il a filé vers l'autre porte, pour gagner la rue. Après, je ne l'ai plus revu...

— Et le voyageur de commerce?

Richard haussa les épaules.

— Il a raconté qu'il avait été attaqué et dévalisé la nuit précédente par un Arabe et qu'il avait cru, dans l'antichambre du consulat, reconnaître son agresseur. La suite de l'affaire, je l'ignore, car je prenais l'avion pour Kuweit.

— A ce moment-là, qui y avait-il au consulat comme invités?

— Un certain Crosbie, qui est dans les pétroles. Personne d'autre... Si pourtant... On attendait quelqu'un, qui devait arriver de Bagdad, mais ce quelqu'un, je ne l'ai pas vu et son nom m'échappe...

Victoria songeait à Crosbie. Elle se souvenait fort bien de lui. Un petit type courtaud, très ordinaire et pas très fin. Il était à Bagdad le soir où Carmichaël était arrivé au Tio. Fallait-il admettre que si Carmichaël, au lieu de courir au bureau du consul, avait brusquement fait demi-tour pour gagner la rue, c'était parce qu'il avait aperçu, au bout du couloir, la silhouette de Crosbie?

Absorbée dans ses pensées, Victoria sursauta quand Richard Baker, qui n'avait cessé de l'observer, lui demanda si elle avait encore quelque question à lui poser.

— Une dernière, dit-elle. Lefarge? Ce nom-là vous dit-il quelque chose?

— Non... J'ai beau chercher, ça ne me rappelle rien... C'est un homme ou une femme?

— Je n'en sais rien.

Elle pensait au capitaine Crosbie.

Crosbie était-il Lucifer?

***

Ce soir là, quand Victoria eut gagné sa chambre pour la nuit, Richard Baker demanda au docteur Pauncefoot Jones s'il lui serait possible de jeter un coup d'œil sur la lettre qu'il avait reçue d'Emerson.

— J'aimerais mieux, expliqua-t-il, savoir exactement ce qu'il dit de cette jeune personne.

— Le problème, répondit le docteur Pauncefoot Jones, c'est de mettre la main sur la lettre. Je ne l'ai pas jetée, car j'ai pris quelques notes au verso de la dernière feuille, mais je ne sais pas où je l'ai fourrée! En tout cas, si mes souvenirs sont exacts, il parlait de Veronica en termes très élogieux.

Personnellement, je la trouve charmante. Elle a perdu ses bagages, elle n'en a pas fait une histoire, vous avez remarqué? Une autre aurait insisté pour être conduite à Bagdad le lendemain. Elle a pris très sportivement son parti de l'aventure et c'est vraiment très bien de sa part. Au fait, comment se fait-il qu'elle ait perdu ses bagages?

— Elle a été chloroformée, enlevée et emprisonnée dans une maison indigène, dit Richard, avec une forte envie de sourire.

— C'est vrai, vous me l'avez dit! Toutes choses qui me paraissent bien improbables!... Ça me rappelle l'aventure de la jeune Elisabeth Callings... Elle avait disparu pendant quinze jours et, quand elle est revenue, elle a raconté qu'elle avait été enlevée par des bohémiens... On n'a pas pu lui prouver que ce n'était pas vrai... et la pauvre fille était si laide qu'il est bien difficile de supposer qu'il s'agissait d'une escapade amoureuse... Avec Victoria... Je veux dire Veronica... avec elle, c'est autre chose... Elle est jolie, très jolie... et il y aurait un jeune homme là-dessous que je n'en serais pas surpris!

— En tout cas, elle serait bien mieux si elle ne se décolorait pas les cheveux.

— Elle se décolore les cheveux?... Pas possible! Vous en savez, des choses, quand il s'agit des femmes!

— Pour la lettre d'Emerson...

— Vous avez raison, il faut absolument que nous la retrouvions!... Je ne sais plus à quoi ces notes ont trait, mais je suis certain qu'elles me seront utiles un jour et je ne voudrais pas les avoirs perdues. Cherchons!...

CHAPITRE XX

Dans l'après-midi du lendemain, le docteur Pauncefoot Jones, un bruit de moteur parvenant à ses oreilles, inspecta du regard le désert et aperçut, encore très éloignée, une auto en route vers le tell.

— Encore des visiteurs! s'écria-t-il, sans cacher sa contrariété. Comme si je n'avais pas mieux à faire que de promener dans les fouilles des imbéciles qui se croient obligés de me raconter les derniers potins de Bagdad!

— Vous oubliez Victoria, dit Richard. Elle peut très bien vous remplacer. Elle en sait assez pour faire un excellent guide. N'est-ce pas, Victoria?

La jeune fille protesta :

— Mes explications, j'en ai peur, fourmilleraient d'erreurs. Je ne suis pas très calée, vous savez!

— Vous êtes trop modeste, répliqua Richard. Ces remarques que vous m'avez faites, ce matin, sur les briques à plan convexe, elles auraient pu venir directement du bouquin de Delongaz...

Victoria sentit une légère rougeur lui monter aux joues. Elle se promit de surveiller plus sévèrement l'utilisation de sa jeune érudition. Il lui faudrait éviter le mot à mot et paraphraser.

— Quoi qu'il en soit, dit-elle, je ferai de mon mieux...

— Et vous nous pardonnerez de nous décharger sur vous de toutes les corvées?

Elle sourit. La phrase gentille de Richard rachetait la pointe de tout à l'heure.

A dire le vrai, Victoria était elle-même assez surprise de l'activité dont elle faisait montre depuis cinq jours qu'elle était là et de l'intérêt qu'elle prenait à son travail. Elle avait commencé par développer des clichés photographiques, dans un cabinet noir minuscule et avec un matériel rudimentaire, posé sur une malle qui servait de table de laboratoire. Les premiers paniers de débris dont elle avait eu ensuite à s'occuper avaient excité son hilarité. Comment pouvait-on s'intéresser à de pareils détritus? Quand elle eut appris à les distinguer et, d'après un fragment, à reconstituer par la pensée l'objet entier, elle changea d'avis. Elle se mit à imaginer ce que pouvait être l'existence quotidienne des hommes qui vivaient là quelque trois mille ans plus tôt, à deviner leurs occupations, leurs besoins, leurs espoirs, et leurs craintes. Les vestiges des humbles demeures, exhumés au cours des précédentes campagnes, lui avaient révélé que, contrairement à ce qu'elle croyait, l'archéologie ne s'attachait pas seulement aux palais et aux sépultures royales et qu'elle n'ignorait pas les petites gens. Victoria trouvait cela fort sympathique.

C'était à tout cela qu'elle pensait en allant, avec Richard, à la rencontre des deux hommes qui venaient de descendre de l'automobile. C'étaient deux Français, curieux des civilisations antiques, qui parcouraient la Syrie et l'Irak. Richard leur souhaita la bienvenue et les confia à Victoria. Elle leur fit visiter les fouilles. Répétant, un peu à la manière des perroquets, ce qu'elle avait entendu dire, elle leur donna de copieuses explications, enrichies de détails qu'elle inventait pour « corser » son discours.

Au bout d'un certain temps, un des deux voyageurs, qui ne lui avait prêté qu'une oreille distraite, lui demanda la permission d'aller prendre un peu de repos à l'intérieur de la maison. Il avait très mauvaise mine, il ne se sentait pas bien depuis le matin et le soleil, qui était chaud, n'arrangeait pas les choses. Quand il se fut retiré, son compagnon expliqua que le pauvre type souffrait de maux d'estomac et que la sagesse eût voulu qu'il remît sa visite à un autre jour.

Le tour des fouilles terminé, le docteur Pauncefoot Jones dit qu'il serait heureux de prendre le thé avec ses visiteurs. Le Français déclina l'invitation : ils ne pouvaient retarder leur départ, s'ils voulaient rentrer avant la nuit et ne pas se perdre dans le désert. Peu après, les deux hommes remontaient en voiture et l'auto s'éloignait à bonne allure.

Après le thé, Richard se retira dans sa chambre pour écrire quelques lettres, qu'il se proposait de mettre à la poste le lendemain à Bagdad. Il ouvrit un des tiroirs de sa commode et fronça le sourcil. Il n'était pas particulièrement soigneux, mais il avait de l'ordre et, du premier coup d'œil, il venait de se rendre compte qu'on avait touché à ses affaires. Il était sûr des visiteurs. Le coupable ne pouvait être que ce Français, de qui l'indisposition n'était évidemment qu'un prétexte. Richard, cependant, ne tardait pas à se convaincre qu'on ne lui avait rien volé. Son argent était là, intact. Alors?

Pris d'un affreux soupçon, il courut à la pièce que le docteur Pauncefoot Jones avait baptisée la Chambre d'Antika. Tous les « trésors » qu'elle contenait étaient à leur place, rien n'avait disparu. Les sceaux, notamment, étaient là, au complet. Il retourna au living-room. Victoria s'y trouvait seule, penchée sur un livre.

— On a fouillé ma chambre! annonça-t-il sans préambule.

Victoria leva la tête.

— Qui, « on »?

— Ce n'est pas vous?

— Moi? répliqua Victoria indignée. Bien sûr que non! Qu'est-ce que j'irais chercher dans vos affaires?

Après l'avoir longuement dévisagée, il dit :

— Ce doit être ce satané étranger, celui qui a prétendu être malade...

— Il vous a pris quelque chose?

— Non, rien n'a été volé.

— Mais pourquoi, diable, quelqu'un irait-il...

Richard ne laissa pas Victoria achever sa phrase.

— Je pensais que vous pouviez le savoir, *vous*.

— Moi?

— D'après ce que vous m'avez vous-même raconté, il vous est bien arrivé ces temps-ci quelques aventures plutôt... singulières?

— Ah? ça...

Victoria, surprise, réfléchit une seconde, puis elle ajouta :

— Mais pourquoi aurait-on fouillé *votre* chambre à vous? Vous n'avez rien à voir avec...

— Avec quoi?

Victoria ne répondit pas. Elle paraissait perdue dans ses pensées. Au bout d'un moment, elle dit :

— Pardonnez-moi! Vous disiez ?

Richard ne répéta pas sa question. Il se contenta de demander à Victoria ce qu'elle était en train de lire. Elle fit la grimace.

— Ici, vous savez, pour les romans, il n'y a pas grand choix :

A Tale of Two Cities, Pride and Prejudice et *The Mill on the Floss.* Je lis *A Tale of Two Cities.*

— Vous ne l'avez jamais lu?

— Jamais. Je considérais Dickens comme un auteur ennuyeux.

— Quelle idée!

— Et je m'aperçois qu'il est passionnant!

— Où en êtes-vous?

Jetant un regard sur le livre ouvert, il lut à haute voix :

— « Et les tricoteuses comptèrent « Un »...

— C'est une femme qui me fait peur!

— Qui Mrs Defarge?... Le personnage est intéressant. Bien que je doute un peu qu'il soit possible de conserver une liste de noms à l'aide d'un tricot... Il est vrai que je ne sais pas tricoter...

— Ce n'est pas impossible, répliqua Victoria, examinant le problème. Un point de riz, un point à l'endroit, une maille glissée par-ci par-là, on doit pouvoir y arriver... Naturellement, ça ne ferait pas un beau tricot, ça ressemblerait plutôt à l'ouvrage de quelqu'un qui débute et qui commet des erreurs...

Elle se tut brusquement. Un rapprochement venait de se faire en son esprit et c'était comme une illumination. Elle revoyait l'homme qui était entré dans sa chambre, les mains crispées sur ce vieux foulard de tricot rouge qu'elle avait ramassé, un peu plus tard, pour le jeter dans un tiroir. Et elle pensait aux derniers mots qu'il avait prononcés. Ce n'était pas « Lefarge » qu'il avait dit, mais « Defarge », et c'était à la Mrs Defarge du livre qu'il avait voulu faire allusion...

— Qu'est-ce qu'il vous arrive?

La question de Richard la ramena au présent.

— Rien, rien... Je viens de penser à quelque chose...

— Ah?

Richard n'insista pas.

Victoria songeait à la journée du lendemain. Elle devait aller à Bagdad avec Richard et ce serait la fin de cette semaine de répit, durant laquelle elle avait pu se reprendre, dans la paix et la sécurité. Au Tell Asouad, elle s'était bien plu. Peut-être, elle se l'avouait, parce qu'il n'était pas sûr du tout qu'elle fût brave. Elle avait découvert qu'il y a une différence énorme entre rêver des aventures et les vivre, et elle gardait de ses récentes expériences un souvenir horrifié. Elle se verrait sans plaisir retourner à cette existence mouvementée. Parce qu'elle était au service de Mr Dakin et payée par Mr Dakin, allait-elle donc être obligée de réintégrer le Rameau d'Olivier et d'affronter de nouveau le docteur Rathbone? Elle espérait bien que non. Elle irait à la pension de famille, pour y reprendre ses affaires, à cause de ce foulard en tricot qui se trouvait dans une de ses valises, et elle s'en tiendrait là. Une fois ce foulard entre les mains de Mr Dakin, sa tâche serait terminée.

Elle leva la tête. Richard était toujours là, qui l'observait.

— A propos, dit-il, demain, pensez-vous pouvoir récupérer votre passeport?

— Mon passeport?

Elle réfléchit. Elle avait décidé de quitter l'expédition avant l'arrivée, maintenant imminente, de Veronica (ou Venetia), mais elle n'avait pas arrêté les détails de sa retraite. Se contenterait-elle de disparaître purement et simplement, ou, avant de se retirer, libérerait-elle sa conscience par une confession complète? Elle l'ignorait encore.

— Je n'en suis pas sûre, dit-elle pour gagner du temps.

— C'est ennuyeux, reprit Richard, parce que la police du district ne manquera pas de nous le réclamer, pour noter son numéro et relever tout ce qu'elle est censée avoir besoin de savoir de vous. Routine et paperasserie, bien entendu! Faute de passeport, il faudra bien que votre nom et votre signalement lui suffisent. Au fait, Victoria, comment vous appelez-vous?

Victoria affecta de prendre la question en riant.

— Allons, Richard, vous savez mon nom aussi bien que moi!

Il eut un petit sourire cruel.

— Ce n'est pas tout à fait vrai, ce que vous dites là! Votre nom, *moi*, je le sais. Seulement *vous*, j'ai l'idée que vous ne le savez pas!

Il la guettait à travers les gros verres de ses lorgnons. Elle rit.

— Je serais bien la première personne au monde qui ne saurait pas son propre nom!

— Alors, dites-le!... Tout de suite!

Il avait parlé d'une voix brève et rude. Il poursuivit :

— Inutile de mentir, la farce est jouée! Vous êtes forte, je le reconnais. Votre personnage n'était pas mal campé, vous avez pu nous faire croire que vous aviez des connaissances, mais le rôle était difficile à tenir, je vous ai tendu quelques pièges et vous n'en avez évité aucun! J'ai dit quelques énormités et vous les avez approuvées, sans l'ombre d'une hésitation.

Il se tut quelques secondes, puis il ajouta :

— *Vous n'êtes pas* Venetia Savile. Qui êtes-vous?

— Je vous l'ai dit quand vous m'avez rencontrée. Je m'appelle Victoria Jones.

— Et vous êtes la nièce du docteur Pauncefoot Jones?

— Je ne suis pas sa nièce, mais, pour m'appeler Jones, je m'appelle Jones!

— Vous m'en avez raconté bien d'autres!

— Et je ne vous ai pas dit que la vérité! Seulement vous n'avez pas voulu me croire, cela m'a exaspérée, justement parce que c'était la vérité, et c'est uniquement pour vous obliger à me croire que je vous ai dit que je m'appelais Pauncefoot Jones!... C'est un nom qui a du prestige et je m'en étais déjà servi!.. Est-ce que je pouvais savoir que vous veniez ici!

— Ça a dû vous donner un coup!... Vous l'avez, d'ailleurs, fort bien encaissé! Vous êtes restée d'un calme...

— Extérieurement, peut-être... Mais j'étais anéantie... Seulement, je me suis dit que je préférais m'expliquer à l'arrivée... Ici, au moins, je serais en sûreté...

— En sûreté?

Il la regardait, grave soudain.

— Vous ne voulez pas me dire, reprit-il, que cette histoire abracadabrante que vous m'avez servie était vraie?

— Mais elle l'était! Vous ne vous rendez donc pas compte que si j'avais voulu inventer une histoire, elle aurait été autrement bien? Et que je l'aurais bien mieux racontée?

— Maintenant que je vous connais un peu, j'avoue que l'argument n'est pas sans valeur. Mais vous admettrez que votre histoire était bien invraisemblable!

— Et, maintenant, vous êtes prêt à la croire vraie? Pourquoi?

— Parce que, répondit-il lentement, si vous avez été mêlée à la mort de Carmichaël...

— C'est par là que tout a commencé!

— Alors, racontez-moi tout!

Elle le regarda longuement.

— Je ne sais pas si je peux avoir confiance en vous.

— Vous renversez les rôles! Vous paraissez oublier que j'ai les meilleures raisons du monde de penser que vous êtes venue ici sous un faux nom pour *tirer de moi* des renseignements! Et rien ne me prouve que ce n'est pas très exactement ce que vous êtes en train de faire!

— Ce qui voudrait dire que vous savez sur Carmichaël des choses qu'ils aimeraient savoir, eux?

— *Eux?...* Eux, qui?

— Je vois, dit Victoria, qu'il faut que je vous raconte tout! Il n'y a pas d'autre moyen... Et, si vous êtes de mes ennemis, vous savez tout et, par conséquent, ça ne changera rien...

Elle entreprit alors un récit très complet de ses aventures. Commençant à la mort tragique de Carmichaël, elle dit son entretien avec Mr Dakin et son voyage à Bassorah. Puis elle parla de ses relations avec le Rameau d'Olivier, de l'hostilité de Catherine et des menaces à peine voilées du docteur Rathbone. Elle ne laissa dans l'ombre aucun détail, mais elle s'abstint pourtant de parler du foulard de tricot rouge, non plus que de Mrs Defarge.

— Ainsi, dit Richard, quand elle eut terminé, vous pensez que le docteur Rathbone joue un rôle dans cette affaire? Vous rendez-vous compte que c'est un personnage considérable, un savant connu dans le monde entier et qui reçoit des subventions de tous les points du globe?

— Il fallait un homme comme ça!

— Notez que, personnellement, je le tiens pour un prétentieux aliboron...

— Un masque excellent!

— Peut-être... Mais ce Lefarge, dont vous m'avez demandé si je le connaissais, qui est-ce?

— Je l'ignore. Pour moi, ce n'est qu'un nom... Il y en a un autre comme ça : Anna Scheele.

— Anna Scheele?... Jamais entendu parler d'elle.

— Elle joue dans l'affaire un rôle important. Mais lequel? Je n'en sais rien. Tout ça est tellement embrouillé!

— Redites-moi, voulez-vous, le nom de l'homme qui vous a embarqué dans cette aventure?

— Edward... Vous parlez de Mr Dakin... Il s'occupe de pétroles, je crois.

— Ce n'est pas un type qui a l'air fatigué, usé, et de qui on dirait volontiers qu'il n'a rien dans le cerveau?

— Si. Mais il ne faut pas se fier aux apparences...

— Est-ce qu'il ne boit pas?

— On le dit. Pour moi, j'en doute fort.

Richard croisa les bras et hocha la tête.

— Je me demande si je rêve! J'ai l'impression d'être plongé dans un roman de William Le Queux ou de Phillips Oppenheim, à moins que ce ne soit dans l'œuvre d'un de leurs distingués imitateurs. Sommes-nous dans la réalité? Et, dans l'affirmative, êtes-vous l'héroïne persécutée ou la méchante femme?

Victoria pensait à un autre problème.

— Ce que je voudrais bien savoir, dit-elle, c'est ce que nous allons dire au docteur Pauncefoot Jones. Il faudrait tout de même lui expliquer...

Richard sourit.

— Nous ne lui dirons rien du tout! A quoi bon?

CHAPITRE XXI

Ils se mirent en route dès le petit jour. Victoria se sentait mélancolique et c'est la gorge un peu serrée qu'elle jeta un dernier regard sur le Tell, tandis que le camion s'en allait vers le désert. Trois heures plus tard, ils étaient à Bagdad. Laissant le chauffeur et le cuisinier s'occuper seuls du ravitaillement, Richard se fit déposer au Tio Hotel, avec Victoria. On venait de lui remettre son courrier, fort abondant, et celui plus considérable encore, du docteur Pauncefoot Jones, quand Marcus survint, massif et radieux à son ordinaire. L'hôtelier fit fête à Victoria et lui reprocha amicalement de n'être point venue au Tio depuis longtemps. Il n'était évidemment pas au courant de l'enlèvement de Victoria. Edward, sur le conseil de Mr Dakin sans doute, n'avait vraisemblablement pas alerté la police.

Victoria demanda à l'hôtelier si Mr Dakin était à Bagdad.

— Mr Dakin?... Nous l'avons vu hier... Non, avant-hier... Et nous attendons un de ses amis, le capitaine Crosbie, qui arrive aujourd'hui de Kermanshah...

— Vous savez où se trouve le bureau de Mr Dakin?

— Naturellement! Qui est-ce qui ne connaît pas l'Iraqi-Iranian Oil Company?

— Parfait! Il faut que j'aille voir Mr Dakin tout de suite. J'irai en taxi, mais je tiens à être sûre que le chauffeur ne se perdra pas en route...

— Je lui donnerai moi-même toutes les explications nécessaires.

Victoria installée dans le taxi, Marcus fit la leçon au conducteur.

— J'oubliais, dit Victoria, il me faudrait une chambre! Vous en avez une pour moi?

— Bien sûr! Je vous en donnerai une qui est magnifique et je compte que vous dînerez ici ce soir. Je vous commanderai un steak monumental... et vous aurez du caviar. Auparavant, nous boirons un verre ensemble!

— Entendu!... Dites-moi, Marcus, vous ne pourriez pas me prêter un peu d'argent?

— Mais comment donc, ma chère amie! Voici mon portefeuille... Prenez ce qu'il vous faut!

Cinq minutes plus tard, Victoria pénétrait dans le magnifique immeuble occupé par les services de l'Iraqi-Iranian Oil C°.

Quand Victoria fut introduite dans son bureau Mr Dakin quitta sa table de travail pour venir au devant de sa visiteuse, qu'il salua de façon très cérémonieuse.

— Mademoiselle... Jones, n'est-ce pas?... Apporte-nous du café, Abdullah!

Le petit Arabe sorti, il reprit :

— Vous n'auriez pas dû venir ici.

— Je ne pouvais pas faire autrement, répondit Victoria. Il y a quelque chose que je veux vous dire avant... avant qu'il ne m'arrive de nouvelles aventures.

— Il vous est arrivé quelque chose? Quoi donc?

— Vous n'êtes pas au courant? Edward ne vous a rien dit?

— Autant que je sache, vous travaillez toujours au Rameau d'Olivier. Personne ne m'a rien dit.

— Cette saleté de Catherine!

— Vous dites?

— Je dis que c'est cette ordure de Catherine qui a raconté à Edward je ne sais quelle histoire et que cet imbécile l'a crue!

Dakin désigna un siège à Victoria.

— Je crois, dit-il, que nous devrions prendre par le début...

S'asseyant à sa table, il ajouta :

— Il me semble que je vous préfère brune...

Victoria ne répondit pas.. Deux coups frappés à la porte annonçaient le retour d'Abdullah. Le jeune Arabe posa sur le bureau un plateau, chargé de deux tasses de café très sucré puis se retira.

— Maintenant, dit Dakin, je vous écoute. Vous pouvez parler : les portes sont capitonnées et les cloisons épaisses.

Victoria se lança dans le récit de ses aventures. Elle sut le faire clair et concis. Elle termina en expliquant le rapprochement qu'elle avait fait entre le tricot de Mrs Defarge et celui de Carmichaël. Quand elle eut fini, elle se tut, observant Dakin, de qui les yeux brillaient d'un éclat qu'elle leur avait déjà vu.

— Je devrais fréquenter Dickens plus assidûment, dit-il enfin.

— Vous croyez donc que je ne me trompe pas, qu'il a bien dit « Defarge » et qu'il pourrait y avoir un message dans son foulard de tricot?

— J'estime, déclara-t-il, que nous tenons là un renseignement sérieux, le premier... et c'est à vous que nous le devons. Ce foulard, où est-il?

Dans mes affaires. Je l'avais fourré dans un tiroir et, quand j'ai fait mes paquets, j'ai tout mis dans mes valises, en vrac.

— Et vous n'avez jamais dit à *personne* que ce foulard appartenait à Carmichaël?

— A personne, pour la bonne raison que je l'avais complètement oublié. Il est dans une valise que j'ai fermée avant d'aller à Bassorah et que je n'ai pas ouverte depuis.

— Alors, tout va bien. Même si l'on admet que vos affaires ont été fouillées. Un vieux foulard, on n'y aura pas prêté attention... Il aurait fallu être prévenu et, autant qu'il me semble, on ne pouvait pas l'être... Nous allons donc faire prendre vos valises et on vous les apportera... Au fait. où logez-vous maintenant?

— J'ai pris une chambre au Tio.

Il approuva d'un mouvement de tête.

— Très bien!

— Est-ce que... vous désirez que je retourne au Rameau d'Olivier?

Il la regarda.

— Vous avez peur?

Elle leva le menton.

— Non. Si vous voulez que j'y aille, j'irai!

— Je ne crois pas que ce soit nécessaire, ni même sage. Qui *les* a renseignés, je l'ignore, mais ils m'ont l'air d'être maintenant fixés sur vos activités. Dans ces conditions, vous ne découvririez plus rien là-bas et il vaut mieux rester là où vous serez en sûreté.

Avec un sourire, il ajouta :

— Sinon, à notre prochaine rencontre, vous serez rousse!

— Ça! s'écria Victoria, c'est ce qui me tracasse le plus! Pourquoi m'ont-ils décoloré les cheveux? Je n'arrive pas à le deviner. Avez-vous une idée?

— Je n'en vois qu'une, passablement déplaisante : rendre plus difficile l'identification de votre cadavre.

— S'ils avaient l'intention de m'assassiner, pourquoi ne m'ont-ils pas tuée tout de suite?

— C'est là, ma chère amie, une question fort intéressante et je voudrais bien être en mesure d'y répondre.

— Vous n'avez aucune idée?

Il sourit.

— Aucune.

Victoria, brusquement, se rappelait quelque chose.

— J'allais oublier! Vous vous souvenez que je vous ai dit que, le matin où j'avais aperçu sir Rupert Crofton Lee sur son balcon, quelque chose dans son apparence m'avait semblé... insolite?

— Oui.

— Vous ne connaissiez pas personnellement sir Rupert?

— Non, je ne l'avais jamais rencontré.

— Je m'en doutais. Parce que le sir Rupert de Bagdad, *ce n'était pas sir Rupert!*

Elle expliqua comment elle en était arrivée à cette certitude, comment ce bobo qui semblait s'être volatilisé en l'espace de quelques heures lui avait fait comprendre que l'homme qu'elle avait vu au Tio n'était pas celui avec qui elle avait voyagé.

— Maintenant, dit Dakin, les choses s'éclairent. Je ne voyais pas *comment* Carmichaël avait pu se laisser surprendre. En réalité, il ne se méfiait plus. Avec Crofton Lee, il n'avait pas à se tenir sur ses gardes... et Crofton Lee, le faux Crofton Lee, l'a assassiné. Carmichaël a réussi à s'enfuir et à se réfugier dans votre chambre, avec ce foulard auquel il s'est accroché, on peut le dire, jusqu'à sa dernière seconde...

— Croyez-vous que si j'ai été enlevée, c'est parce qu'on savait que je viendrais vous dire ça?... Mais, Edward excepté, je ne l'avais raconté à personne.

— Je pense qu'on a surtout jugé qu'il était temps de vous

retirer de la circulation. Vous commenciez à en savoir trop long sur ce qui se tramait au Rameau d'Olivier.

— Le docteur Rathbone m'avait prévenue... Je devrais plutôt dire « menacée ». Je crois qu'il s'était rendu compte que je n'étais pas celle que je prétendais être.

— Rathbone est loin d'être un imbécile.

— En tout cas, je suis rudement contente de ne pas être obligée de retourner chez lui ! Tout à l'heure, j'ai fait semblant d'être brave, mais, en réalité, je meurs de peur... Ce qui m'ennuie, c'est que, si je ne vais pas au Rameau d'Olivier, il y a des chances pour que je ne revoie pas Edward !

Dakin sourit.

— Si Mahomet ne vient pas à la montagne, la montagne vient à Mahomet. Vous allez tout de suite écrire un mot à Edward, vous lui direz que vous êtes au Tio et que vous comptez sur lui pour récupérer vos affaires et vous les apporter à l'hôtel. Vers la fin de la matinée, j'irai voir le docteur Rathbone, au sujet d'un gala qu'il doit organiser prochainement. Il me sera facile de glisser votre billet à son secrétaire et vous pouvez donc être sûre qu'il ne s'égarera pas entre les mains de votre ennemie Catherine. Pour vous, vous allez rentrer au Tio et attendre. Enfin, Victoria, si...

Il hésitait.

— Si ?

— Si... si vous vous trouvez dans une situation difficile, quelle qu'elle soit, tâchez de vous en tirer *en ne pensant qu'à vous*, à vous seule ! On veillera sur vous, autant qu'il sera possible, mais vos ennemis sont puissants et vous savez malheureusement bien des choses. Ce que je vous demande de bien comprendre, c'est qu'à partir du moment où vos affaires seront au Tio, vous n'avez plus envers moi la moindre obligation.

— Je rentre directement à l'hôtel, dit Victoria. Je ne m'arrêterai en chemin que pour acheter de la crème, un peu de poudre et du rouge à lèvres. Après tout...

Dakin complèta la phrase inachevée.

— Après tout, une jolie femme a le droit de ne pas aller au combat complètement désarmée.

— Avec Richard Baker, à qui j'aurais pourtant bien aimé prouver que je pouvais ne pas être trop vilaine, ça n'avait pas tellement d'importance. Mais *avec Edward...*

CHAPITRE XXII

Ses cheveux blonds soigneusement coiffés, le museau poudré et les lèvres peintes, Victoria, assise sur la terrasse du Tio, jouait une fois de plus le rôle de Juliette attendant Roméo.

Roméo ne tarda pas trop. Elle le vit, qui traversait une pelouse, et elle l'appela :

— Edward!

Il leva la tête.

— Ah! vous êtes là?

— Vous voyez!... Montez!

— J'arrive.

Il la rejoignit sur la terrasse déserte.

— Ici, dit Victoria, on est tranquille...

Il la regardait, l'air perplexe.

— Dites-moi, Victoria, qu'est-ce que vous avez fait à vos cheveux?

Elle poussa un soupir exaspéré.

— La prochaine personne qui me parlera de mes cheveux je lui laboure la figure avec mes griffes!

— Moi, je les aimais mieux comme ils étaient...
— Il faudra aller le dire à Catherine!
— Catherine ? Qu'est-ce qu'elle a à voir là-dedans ?
— Tout! Vous m'avez demandé de devenir son amie, je vous ai obéi... et je suppose que vous ne savez guère où ça m'a menée!
— Qu'êtes-vous devenue pendant tout ce temps, Victoria? Je commençais à être très inquiet.
— Vraiment? Et où pensiez-vous que j'étais?
— A Mossoul, bien sûr! Catherine m'avait transmis votre message, en me disant que vous aviez dû partir brusquement pour Mossoul et que vous me donneriez bientôt de vos nouvelles...
— Et vous avez cru ça?
— Je pensais que vous étiez sur une piste intéressante. Évidemment, vous ne pouviez pas dire grand-chose à Catherine...
— Et il ne vous est pas venu à l'idée que Catherine mentait? Elle aurait pu vous dire qu'on m'avait assommée...
— Hein?
— Oui, assommée! Et puis aussi droguée, chloroformée, emprisonnée...
— Mon Dieu! Jamais je n'aurais supposé... Mais, dites-moi, Victoria, vous croyez qu'il est prudent de parler de tout ça ici, en plein air?... Si nous montions à votre chambre?
— Si vous voulez. Vous avez apporté mes affaires?
— Oui. Vos bagages sont dans le hall.
— Bravo! Quand on n'a pas changé de vêtements depuis quinze jours...
— Mais enfin, Victoria, qu'est-ce qu'il vous est arrivé?
— Ce sera long à vous raconter!
— Vous ne savez pas ce qu'on va faire? J'ai la voiture... Vous connaissez le Devonshire?

Victoria ouvrit de grands yeux.
— Le Devonshire?
— Rassurez-vous, c'est un autre Devonshire!...
« Un petit coin qu'on appelle comme ça, tout près de Bagdad... A cette époque de l'année, il est ravissant... On y va?
— Mais que dira le docteur Rathbone?
— Et zut pour le docteur Rathbone!... D'ailleurs, je commence à en avoir plein le dos, du docteur Rathbone!

Dévalant les marches de l'escalier, ils coururent jusqu'à la voiture comme des amoureux en escapade. Edward se mit au volant et l'on sortit de Bagdad par une large avenue qui conduisait vers le sud. L'auto tourna à gauche, roula un certain temps dans un aimable décor de palmeraies, pour s'arrêter enfin au milieu d'un petit bois que traversaient des canaux d'irrigation. Les arbres, des amandiers et des abricotiers, étaient en fleur. L'endroit était charmant. Au loin, on apercevait le Tigre.

Victoria descendit de voiture et respira profondément.
— Magnifique! s'écria-t-elle. On se croirait en Angleterre au printemps.

L'air embaumait. Ils firent quelques pas pour aller s'asseoir sur un tronc d'arbre couché sur le sol. Ils avaient au-dessus de leurs têtes comme un dôme de fleurs roses.
— Maintenant, dit Edward, vous allez me raconter tout ce qu'il vous est arrivé! J'ai été si malheureux.

Elle le remercia d'un sourire.
— Bien vrai?

Puis elle parla. Elle n'oublia rien. Elle dit comment elle avait confié ses cheveux à une coiffeuse arménienne, comment elle s'était retrouvée, droguée et malade, dans une maison indigène où elle était tenue prisonnière, comment elle avait réussi à s'évader pour rencontrer peu après un certain Richard Baker, à qui elle s'était présentée comme Victoria Pauncefoot Jones, avant de découvrir que justement il allait rejoindre l'expédition du docteur Pauncefoot Jones. Elle dit ensuite comment, grâce à une bibliothèque bien fournie, elle avait pu jouer très honorablement le rôle d'une jeune étudiante en archéologie, arrivée tout droit d'Angleterre.

Edward éclata de rire.

— Vous êtes merveilleuse, Victoria!... Les choses que vous pouvez inventer, c'est inimaginable!

Elle sourit, ravie.

— N'est-ce pas?... Mes oncles, par exemple... Le docteur Pauncefoot Jones et, avant lui, l'évêque...

Comme elle disait cela, elle se souvint brusquement de ce qu'elle allait demander à Edward, à Bassorah, quand Mrs Clayton avait interrompu leur conversation dans le jardin.

— Ça me fait penser, Edward, qu'il y a longtemps que je voulais vous demander ça! Comment saviez-vous que je m'étais inventé un oncle évêque?

Elle sentit la main qui tenait la sienne se contracter. Très vite, trop vite, il répondit :

— Mais... parce que vous me l'aviez dit!

Elle tourna la tête vers lui. Elle devait plus tard s'étonner qu'une erreur si minuscule, si enfantine, suffit à provoquer tout ce qu'elle devait provoquer. La question avait pris Edward au dépourvu. Il n'avait pas préparé sa réponse et sa mine contrariée laissait deviner qu'il n'était pas très satisfait de celle qu'il avait donnée.

Victoria le regardait et, cependant que les souvenirs lui revenaient en foule, la vérité lui apparaissait. Le problème, à vrai dire, avait dû la tracasser longtemps sans qu'elle en eût conscience. Et sans doute était-elle arrivée, par degrés, à la seule, à l'inévitable conclusion...

Elle n'avait jamais parlé à Edward de l'évêque de Llangow et les seules personnes qui avaient pu l'entretenir de cet ecclésiastique imaginaire étaient Mr et Mrs Hamilton Clipp. Or, ils ne pouvaient ni l'un ni l'autre avoir vu Edward à Bagdad, Mr Hamilton Clipp étant resté en Angleterre et sa femme étant arrivée à Bagdad, alors qu'Edward se trouvait à Bassorah. C'était donc avant qu'il ne quittât l'Angleterre qu'ils lui avaient parlé de l'évêque de Llangow. D'où il s'en suivait qu'Edward avait toujours su que Victoria ferait le voyage avec Mrs Hamilton Clipp. Elle avait cru à une merveilleuse coïncidence! Tout avait été voulu, calculé, combiné...

Et, brusquement, elle comprit ce que Carmichaël avait voulu dire en prononçant le nom de Lucifer. Elle savait maintenant qui il avait aperçu au bout du couloir du consulat! C'était le visage même qu'elle était en train de contempler. Lucifer, le plus beau des anges, l'ange déchu! « *Lucifer, Fils du Matin, comment es-tu tombé?* »

Rathbone, le chef? Non. Le chef, c'était *Edward!* En apparence, un simple secrétaire de rien du tout. En réalité, celui qui dirigeait tout. Rathbone? Un paravent, une « couverture ». Et peut-être pas un mauvais homme... Il avait conseillé à Victoria de s'en aller pendant qu'il était encore temps...

Du même coup, elle découvrait que, contrairement à ce qu'elle avait cru, elle n'avait jamais aimé Edward. Il lui avait plu, bien sûr, mais elle ne l'avait pas aimé d'amour. Elle avait été amoureuse de lui comme elle l'avait été, toute gosse, de Humphrey Bogart et, plus tard, du duc d'Edimbourg. Quant à Edward, il ne l'avait jamais aimée. Il lui avait joué la comédie, et comme une sotte, elle avait « marché ». A fond!

Toutes ces réflexions n'avaient pris à Victoria que quelques secondes et rien dans son attitude ne trahissait ses préoccupations. Elle regardait Edward tendrement et avec une évidente admiration. Son instinct, en effet, l'avertissait qu'elle était en danger et qu'elle n'avait probablement qu'un seul moyen de se sauver. Elle l'employa.

— Vous savez ce que je crois? dit-elle. Je crois que c'est

vous qui avez tout arrangé pour que je vienne ici! Vous êtes un homme *merveilleux*, Edward!

Un sourire un peu méprisant pinça les lèvres d'Edward. Il se sentait soulagé, ses craintes d'un instant dissipées et Victoria devinait ce qu'il pensait : « Pauvre idiote! Elle avale n'importe quoi! Je peux faire d'elle ce que je veux ! »

— Mais, reprit-elle, *comment* vous y êtes-vous pris? Pour arranger ça, il fallait être rudement fort! Je finirai par croire que vous êtes aussi puissant que ces rois de Babylone dont vous me parliez l'autre jour!

L'orgueil éclairait le visage d'Edward. Son masque avait quelque chose de fier et de cruel. Victoria ne retrouvait pas le jeune homme, sympathique mais simple, qu'elle avait cru aimer. Encore qu'il lui en coûtât, elle ajouta avec l'amoureuse anxiété qui convenait :

— Mais ça ne vous empêche pas de m'aimer vraiment?

Le sourire d'Edward s'accentua. Ces filles étaient toutes les mêmes! On leur disait qu'on était amoureux d'elles, elles le croyaient sans l'ombre d'une hésitation et elles ne pensaient plus qu'à cela! Des mentalités d'esclaves, toutes!

— Je vous aime, dit-il, vous le savez-bien!

— Mais, Edward, au fond de tout cela, qu'y a-t-il? Dites-le-moi, Edward! Je voudrais tant *comprendre!*

— Il s'agit d'un monde nouveau, Victoria, un monde nouveau qui doit s'édifier sur les ruines et les cendres d'un vieux monde pourri!

— Expliquez-moi!

Il le fit, s'animant à mesure qu'il parlait des chères utopies qui étaient devenues sa raison de vivre. Deux grandes forces se disputaient le monde : le Capitalisme et le Communisme. D'un côté, des bourgeois repus, accrochés à leurs dividendes et hostiles au progrès, de l'autre, des imbéciles fanatisés, résolus à faire de leur paradis marxiste une réalité universelle. Ces deux forces devaient disparaître, se détruire l'une l'autre, dans une guerre totale qui ferait table rase de tout le passé. Alors sonnerait l'heure des élus, de jeunes hommes, des « surhommes », tous, qui construiraient l'Ordre Nouveau, dans la foi et dans l'enthousiasme.

— Mais, dit Victoria, tous ces pauvres gens qui mourront avant qu'on ne commence à rebâtir !

— Il faut comprendre, Victoria. Ils ne présentent aucun intérêt.

Victoria aurait eu bien des choses à répliquer. Elle s'abstint. Elle se rendait compte que sa vie ne tenait qu'à un fil et qu'elle ne la sauverait qu'en jouant serré.

— Je vous admire, Edward !... Mais, *moi*, qu'est-ce que je pourrais faire ?

— Vous... travailleriez-vous avec nous ? Cet idéal, vous vous seriez prête à le servir ?

Elle se méfia. Les conversions soudaines sont suspectes. Prudente, elle répondit :

— Moi, Edward, je ne vois que vous ! J'ai confiance en vous et, quoi que vous me disiez de faire, je le ferai !

— C'est très bien, ça !

— Et d'abord, pourquoi m'avez-vous fait venir ici ? Il doit y avoir une raison.

— Bien sûr, qu'il y en a une ! Vous rappelez-vous que le jour où nous avons fait connaissance je vous ai photographiée ?

— Je pense bien !

— C'est votre profil qui m'avait frappé... Par sa ressemblance avec un autre... Je n'ai pris ces clichés que pour être bien sûr que je ne me trompais pas.

Victoria n'avait pas eu le temps de s'attarder à une blessure d'amour-propre.

— Et à qui est-ce que je ressemble ? demanda-t-elle.

— A une femme qui nous a causé bien des empoisonnements : Anna Scheele.

— Anna Scheele?

Victoria ne cachait pas sa stupéfaction.

— Je ressemble à Anna Scheele?

— Non seulement vous avez le même profil, mais, ce qui est bien plus extraordinaire, vous avez toutes les deux, à gauche sur la lèvre supérieure, une cicatrice minuscule...

— Souvenir d'une chute que j'ai faite quand j'étais toute petite... Sous la poudre, la marque se devine à peine...

— Anna Scheele et vous, vous avez donc la même cicatrice. Elle a quatre ou cinq ans de plus que vous, mais vous êtes à peu près de la même taille et du même poids et la seule différence, c'est qu'elle est blonde, alors que vous êtes brune et que vous ne vous coiffez pas de la même façon. Vos yeux sont d'un bleu plus foncé que les siens, mais, avec des verres teintés, ça ne se remarquerait pas.

— Et c'est à cause de cette ressemblance que vous m'avez fait venir à Bagdad?

— Oui. J'ai pensé qu'on pourrait peut-être... en tirer parti.

— Et vous avez tout arrangé! Les Clipps... Qui est-ce, les Clipps?

— Des gens qui ne comptent pas... Ils font ce qu'on leur dit...

Victoria avala sa salive. Edward était évidemment son propre Dieu. C'était, d'ailleurs ce qui faisait de lui un personnage effrayant.

— Mais, reprit-elle, est-ce que vous ne m'avez pas dit qu'Anna Scheele était quelqu'un de très important dans *votre* organisation?

— Il fallait bien vous égarer un peu! Vous n'en saviez déjà que trop...

Victoria se dit que sa ressemblance avec Anna Scheele lui avait probablement sauvé la vie.

— Et, demanda-t-elle, qui est-elle, en fin de compte?

— Elle est la secrétaire particulière d'Otto Morganthal, un gros banquier international. C'est une femme remarquable, un cerveau, et nous avons des raisons de penser qu'elle est parvenue à reconstituer beaucoup des opérations financières que nous avons effectuées. Trois personnes ont été pour nous vraiment dangereuses : Rupert Crofton Lee et Carmichaël, qui sont maintenant « nettoyés », et Anna Scheele qui est toujours là. Elle est attendue à Bagdad dans trois jours. Pour le moment, elle a disparu.

— Disparu? Où ça?

— A Londres. Elle s'est comme volatilisée...

— Et personne ne sait où elle est?

— Dakin le sait peut-être...

Victoria, sur ce point, était mieux renseignée qu'Edward. Dakin ignorait ce que pouvait être devenue Anna Scheele.

— Et vous n'avez aucune idée?

— Si, dit Edward après une courte hésitation. Il est absolument indispensable qu'Anna Scheele soit à Bagdad pour la conférence internationale qui s'ouvrira, comme vous le savez, dans cinq jours d'ici. Nous surveillons les frontières et les aérodromes. Nous savons qu'elle ne prendra pas place dans un avion militaire. Nous nous sommes donc surtout occupés des agences de voyage et nous en avons trouvé une qui a loué pour une certaine Grete Harden. Nous nous sommes renseignés sur ladite Grete Harden : faux nom, fausse adresse. Nous avons donc lieu de penser que Grete Harden n'est autre qu'Anna Scheele.

Après un silence, il ajouta :

— Son avion atterrira à Damas après-demain.

— Et après?

Il la regarda dans les yeux.

— Après, tout dépendra de vous!

— De moi?

— Vous prendrez sa place.

Elle pâlit. Elle pensait à sir Rupert Crofton Lee. Dans une substitution analogue, sir Rupert avait trouvé la mort. A Damas, ce serait le tour d'Anna Scheele. Anna Scheele ou Grete Harden, elle mourrait. Et cela même si Victoria refusait de tenir le rôle qui lui était proposé... et qu'elle ne pouvait qu'accepter. Edward attendait. Qu'il doutât du dévouement de Victoria et elle mourrait, elle aussi, avant même d'avoir eu la possibilité de rendre compte à Dakin de tout ce qu'elle avait appris. Il fallait accepter. C'était le seul moyen de conserver une chance de joindre Dakin.

Elle respira profondément, puis elle dit :

— Mais, Edward, je ne peux pas faire ça... Je serai découverte tout de suite! Je ne sais pas prendre l'accent américain.

— Anna Scheele n'a pour ainsi dire pas d'accent. D'ailleurs vous aurez une laryngite. Certifiée par un des premiers médecins de Bagdad.

— Et qu'est-ce que je devrai faire?

— De Damas à Bagdad, vous serez Grete Harden. Vous vous aliterez dès votre arrivée et le médecin ne vous autorisera à vous lever que pour l'ouverture de la conférence. Vous irez là-bas et vous produirez vos documents.

— Des faux, bien entendu?

— Naturellement. C'est nous qui les avons fabriqués.

— Et que prouvent-ils?

Edward sourit.

— L'existence aux États-Unis d'un gigantesque complot communiste.

— Et vous croyez vraiment, Edward, que je serai à la hauteur de mon rôle?

Maintenant qu'elle jouait la comédie, elle se sentait très à son aise.

— Pourquoi pas? dit-il. Vous savez si bien mentir!

Victoria rendit mentalement hommage à l'utilité des mensonges. Sans l'évêque de Llangow, jamais elle n'aurait soupçonné la véritable personnalité d'Edward.

— Et Rathbone? demanda-t-elle soudain.

— Rathbone?

— Oui. C'est un chef, lui aussi?

Edward eut un sourire cruel.

— Rathbone est un monsieur qui n'a qu'à marcher droit! Savez-vous ce qu'il a fait, l'honnête docteur Rathbone? Depuis des années, il a détourné à son profit les trois quarts des souscriptions qu'il a reçues de tous les points du globe. Rathbone est un escroc habile, mais nous le tenons. Nous pouvons le démasquer du jour au lendemain et il ne l'ignore pas!

Victoria revoyait par la pensée le vieil homme avec son vaste front et sa chevelure de neige. Un escroc, peut-être, mais qui lui avait été pitoyable...

Edward se leva.

— Il est temps que nous partions. Il faut que nous allions à Damas et que nous mettions tout au point pour après-demain.

Victoria ne demandait qu'à rentrer. Une fois à Bagdad, elle courrait moins de risques. Elle se sentait assez forte pour continuer à jouer double jeu, à avoir l'air d'être à l'entière dévotion d'Edward, tout en contrecarrant ses plans.

— Vous disiez tout à l'heure, reprit-elle, que Mr Dakin savait peut-être où est passée Anna Scheele. Je pourrais essayer de le faire parler. Il se peut que, sans le vouloir, il me donne une indication...

— Peu probable. D'ailleurs, vous ne verrez pas Dakin...

Victoria crut que son cœur cessait de battre.

— Il m'a dit d'aller le voir ce soir, déclara-t-elle, mentant effrontément. S'il ne me voit pas, il trouvera ça drôle...

— Au point où nous en sommes, répondit Edward, ça n'a plus d'importance. Nos plans sont prêts... et on ne vous reverra plus à Bagdad.

— Mais, Edward, toutes mes affaires sont au Tio! J'ai loué une chambre.

Elle pensait au précieux foulard de Carmichaël.

— Vous n'aurez pas besoin de vos affaires d'ici quelque temps, répliqua Edward. J'ai un déguisement qui vous attend. Allons-nous-en!

Ils remontèrent en voiture. Victoria se reprochait d'avoir pu croire qu'Edward serait assez bête pour lui laisser reprendre contact avec Dakin, maintenant qu'elle savait quel homme il était. Bien que persuadé qu'elle était folle de lui, il se tenait sur ses gardes.

— Vous ne croyez pas, reprit-elle, que, si je ne rentre pas, on va me chercher?

— Rassurez-vous! Tout ça, maintenant, n'a plus d'importance.

Pendant un instant, ils roulèrent en silence, à travers les palmeraies.

— Lefarge! dit Edward, comme se parlant à lui-même. J'aimerais bien savoir ce que Carmichaël voulait dire par là!

— C'est vrai! s'écria Victoria. J'oubliais de vous le dire. Je ne sais pas si ça présente quelque intérêt, mais il y a un Mr Lefarge qui est venu visiter les fouilles au Tell Asouad.

— Hein?

Edward avait presque perdu le contrôle de sa direction. La voiture fit une embardée.

— Et quand est-il allé là-bas?

— Oh! il y a une huitaine de jours. Il nous a dit qu'il venait de faire des fouilles en Syrie. Avec la mission Parrot, je crois...

— Est-ce qu'un certain Andrieu et un certain Juvet ne sont pas aussi allés là-bas pendant que vous y étiez?

— Si. Je me souviens même qu'il y en avait un qui souffrait de l'estomac. Il a dû aller s'étendre.

— C'étaient deux hommes à nous, dit Edward.

— Envoyés à ma recherche?

— Non. Je ne savais pas du tout où vous étiez... Seulement, Richard Baker se trouvait à Bassorah en même temps que Carmichaël et nous nous demandions si Carmichaël ne lui avait pas confié quelque document...

— C'est donc ça! Baker a dit que ses affaires avaient été fouillées. Ont-ils trouvé quelque chose?

— Non... Maintenant, Victoria, réfléchissez bien! Ce Lefarge est-il venu avant nos hommes ou après?

Victoria prit son temps :

— *Avant*, dit-elle enfin. Il les a précédés de vingt-quatre heures.

— Qu'est-ce qu'il a fait là-bas?

— Il s'est promené dans les fouilles avec le docteur Pauncefoot Jones, puis il est allé dans la maison avec Richard Baker, qui voulait lui montrer les objets réunis dans la chambre d'Antika.

— Ils ont parlé?

— C'est probable! Je ne les vois pas regardant toutes ces vieilleries sans échanger un mot...

Edward ne cachait pas sa contrariété.

— Je me demande bien qui peut être ce Lefarge!... Comment se fait-il que nous n'ayons pas le moindre renseignement sur lui?

Victoria n'était pas fâchée de ce Lefarge qu'elle venait d'inventer. Elle se le représentait avec précision : plutôt grand, mince, l'air maladif, avec des cheveux très noirs et une fine moustache. Elle se fit une joie de le décrire à Edward quand il l'en pria.

Ils étaient maintenant dans les faubourgs de Bagdad. La voiture s'engagea dans une petite avenue, bordée de villas de style prétendument européen, pour finalement s'arrêter devant l'une d'elles. Edward se rangea derrière une voiture de tourisme en station au bord du trottoir, descendit, puis gravit le perron avec Victoria.

La porte leur fut ouverte par une petite femme au teint jaune, avec qui Edward échangea quelques mots en français. Victoria, encore qu'elle n'eût de cette langue qu'une connaissance limitée, comprit qu'il s'agissait d'elle et qu'il était question de lui faire sur-le-champ revêtir un déguisement.

De fait, dans la minute qui suivit, on la conduisait dans une chambre à coucher où, en quelques instants, elle devait être transformée... en religieuse. Elle passa la robe, coiffa la cornette et ce fut les mains croisées sur son rosaire aux perles de bois que, peu après, elle se retrouva devant Edward.

Il sourit.

— Vous êtes la plus jolie nonne que j'aie jamais rencontrée! Gardez les paupières baissées, surtout devant les hommes, et vous serez parfaite!

La Française qui avait aidé Victoria à revêtir l'habit religieux vint les rejoindre, déguisée elle aussi, et ce furent deux nonnes qui sortirent de la maison pour monter dans la voiture. Un chauffeur européen, en blouse blanche, était au volant.

— Maintenant, Victoria, dit Edward, tout dépend de vous! Faites exactement ce qu'on vous dira de faire!

Il y avait dans le ton comme une menace. Elle dit :

— Vous ne venez pas avec nous?

— Impossible! Mais vous ne serez pas longtemps sans me revoir...

Son visage tout près de celui de Victoria, il ajouta, la voix caressante :

— Je compte sur vous, mon amour! Ce rôle, il n'y a que vous qui puissiez le jouer... et je vous adore! Je ne peux pas embrasser une bonne sœur, mais... le cœur y est!

Elle baissa les yeux comme eût fait une vraie religieuse. Elle lui aurait craché à la figure avec plaisir. Il poursuivit :

— Pour le reste, ne vous en faites pas! Vos papiers sont en règle et vous n'aurez aucune difficulté à la frontière syrienne. J'oubliais! En religion, vous êtes la sœur Marie des Anges. Sœur Thérèse, qui vous accompagne, s'occupe de tout et c'est à elle que vous obéissez.

Il ferma la portière, recula d'un pas sur le trottoir et dit encore :

— Surtout, je vous en supplie, filez droit!... Sinon...

Il n'acheva pas sa phrase et la voiture démarra tandis qu'il agitait gentiment la main en signe d'adieu.

Victoria réfléchissait. Aussi bien dans la traversée de Bagdad qu'au poste-frontière, elle pourrait crier, appeler au secours, soulever, d'une façon ou d'une autre, quelque scandale qui attirerait l'attention. Mais qu'en sortirait-il? Vraisemblablement rien, hormis... la mort de Victoria Jones. Sœur Thérèse avait glissé dans sa manche un automatique et quoi qu'il dût lui en coûter, elle ne laisserait pas à sœur Marie des Anges le temps de raconter ses malheurs.

Les risques seraient-ils moindres à Damas? C'était douteux. Rien ne prouvait que sœur Thérèse n'avait pas sur elle quelque certificat attestant que sœur Marie des Anges avait perdu la raison.

Mieux valait jouer le jeu jusqu'au bout, être Anna Scheele à l'arrivée à Bagdad et crânement rester Anna Scheele jusqu'à la dernière seconde. Un moment viendrait nécessairement où Edward n'exercerait plus sur elle aucun contrôle. Elle irait à la conférence, elle apporterait les documents et, cela fait, personne ne serait là pour l'empêcher de crier : « Je ne suis pas Anna Scheele et ces papiers sont des faux! »

Qu'Edward prît ce risque la chose l'étonnait. Mais la vanité aveugle les forts et Edward et ses acolytes ne pouvaient se passer d'Anna Scheele. Pour réussir, il leur fallait *une* Anna Scheele et, pour tenir le rôle, personne ne pouvait se substituer à Victoria. Les « surhommes » avaient besoin de Victoria Jones, une simple dactylo...

Leur prisonnière? Sans doute...

Mais une prisonnière qui en fin de compte, avait encore une très belle carte à jouer.

CHAPITRE XXIII

1

L'énorme Skymaster décrivit au-dessus du terrain une courbe gracieuse, se posa « comme une fleur », ainsi que disent les aviateurs, et roula sur l'aire d'atterrissage jusqu'au débarcadère. Les passagers descendirent de l'appareil pour être répartis en deux groupes : ceux qui continuaient sur Bassorah et ceux qui prenaient l'avion assurant la correspondance de Bagdad.

Soumis à différentes formalités de contrôle, ces derniers n'étaient que quatre : un Irakien, qui ne pouvait être qu'un gros commerçant, un jeune médecin anglais et deux femmes.

La première était une brune aux traits tirés. Une écharpe de soie retenait tant bien que mal ses cheveux coiffés à la diable.

— Madame Pauncefoot Jones? dit l'employé qui examinait son passeport. Anglaise?... Vous allez rejoindre votre mari? Parfait. Votre adresse à Bagdad, je vous prie?... Merci. Comme argent, qu'avez-vous?

La seconde femme était une jeune femme blonde d'apparence assez frêle, vêtue proprement, mais sans recherche.

— Mademoiselle Grete Harden?... Danoise. Venant de Londres... Masseuse... Votre adresse à Bagdad?... Merci... Qu'avez-vous comme argent?

Les quatre voyageurs furent informés que l'avion de Bagdad partirait dans l'après-midi et qu'une voiture était à leur disposition pour les conduire à l'Abbassid Hotel où ils pourraient déjeuner et prendre un peu de repos.

Grete Harden était allongée sur son lit quand on frappa à la porte de sa chambre. Elle alla ouvrir et se trouva en présence d'une hôtesse de l'air portant l'uniforme de la compagnie.

— Je suis navrée, mademoiselle Harden. Nous avons des difficultés avec votre billet. Rien de grave, d'ailleurs... Voudriez-vous venir avec moi jusqu'au bureau que nous avons dans l'hôtel... C'est au fond du couloir...

A peine Grete Harden était-elle entrée dans la pièce — sur la porte de laquelle elle avait vu une pancarte portant l'inscription « Bureau » qui devait disparaître dans la minute qui suivit — qu'un bâillon s'appliquait sur sa bouche, cependant qu'une espèce de cagoule lui était jetée sur la tête. Deux hommes l'immobilisaient. Un troisième, un jeune médecin, s'empara de son bras droit, releva sa manche et, avec une remarquable dextérité, enfonça dans sa chair l'aiguille d'une seringue de Pravaz. Trente secondes plus tard, Grete Harden avait perdu conscience de ce qui pouvait se passer autour d'elle.

— Elle en a bien pour six heures! dit le jeune médecin avec bonne humeur. Mesdames, vous pouvez y aller!

Il s'adressait à deux religieuses assises près de la fenêtre. Les trois hommes sortirent et la plus âgée se leva. Tandis qu'elle retirait ses vêtements à Grete Harden, la plus jeune, qui tremblait un peu, dépouillait son habit religieux. Quelques instants plus tard, Victoria portait le tailleur de Grete Harden. Celle-ci, maintenant déguisée en nonne, était couchée sur le lit.

S'aidant d'une photo, qu'elle regardait entre deux coups de peigne, « sœur Thérèse » coiffa Victoria à la ressemblance d'Anna Scheele. Elle achevait de lui tirer les cheveux en arrière et de les nouer en chignon sur la nuque quand, après avoir frappé, les trois hommes revinrent dans la pièce.

Ils étaient radieux.

— Aucun doute, dit le médecin, Grete Harden est bien Anna Scheele. Les papiers étaient dans sa mallette, cachés dans un paquet de revues médicales.

S'inclinant cérémonieusement devant Victoria, il ajouta :

— Maintenant, mademoiselle Harden, si vous voulez bien me faire l'honneur de déjeuner avec moi...

Elle sortit derrière lui. Dans le hall de l'hôtel il n'y avait personne, exception faite d'une dame accoudée au bureau de la réception.

— Non, disait-elle, le texte du télégramme est bien... « Serai ce soir au Tio Hotel. Meilleurs baisers. » C'est la signature qui ne va pas... Pauncefoot Jones... P... A... U... N... C... E... Pauncefoot...

Victoria regarda la dame avec intérêt. C'était Mrs Pauncefoot Jones! Elle était en avance de huit jours, mais Victoria ne trouvait pas ça extraordinaire. Le docteur Pauncefoot Jones avait perdu la lettre où sa femme lui donnait la date de son arrivée et c'est lui, et lui seul, qui prétendait qu'elle serait là le 26. Ah! pouvoir lui remettre un message pour Richard Baker.

Comme s'il avait deviné ses pensées, le compagnon de Victoria l'entraînait. Elle revit Mrs Pauncefoot Jones au restaurant, mais sans avoir la possibilité de lui parler et il en alla de même un peu plus tard dans l'avion qui les emportait toutes deux vers Bagdad.

2

— Vous savez, dit Richard Baker, que je suis inquiet à propos de cette petite!

— Quelle petite? demanda le docteur Pauncefoot Jones, d'un air absent.

— Victoria.

— Victoria?

Le docteur Pauncefoot Jones fronça le sourcil puis s'écria :

— Au fait, c'est vrai! Hier, vous êtes rentré sans elle!

— Je me demandais si vous l'aviez remarqué.

— J'aurais dû m'en apercevoir, mais j'étais préoccupé par ce rapport sur les fouilles du Tell Bamdar, qui est vraiment extraordinaire... Il n'est pas possible qu'il ne contienne pas des erreurs... Est-ce qu'elle savait où retrouver le camion?

— La vérité, dit Richard, c'est qu'elle n'avait pas l'intention de revenir. Parce qu'elle n'est pas Venitia Savile...

— Ah? C'est vraiment curieux!... Mais ne m'aviez-vous pas dit qu'elle s'appelait Victoria?

— Elle s'appelle bien Victoria. Seulement, elle n'a jamais fait d'anthropologie, elle ne connaît pas Emerson et à vrai dire il y a eu... malentendu.

— C'est fâcheux!... Très fâcheux... Je suis d'une distraction impardonnable. Je ne suis jamais à ce qu'on me dit, j'égare mes lettres et je ne sais plus ce qu'on m'a écrit... Et c'est comme ça que naissent les malentendus!

Richard Baker suivait sa pensée.

— Je n'y comprends rien, reprit-il. D'après ce que j'ai appris, elle est partie en voiture avec un jeune homme et on ne l'a plus revue. Ses valises sont à l'hôtel et elle n'a même pas pris la peine de les ouvrir, ce qui est assez surprenant, car, après huit jours passés dans la nature, elle devait avoir envie de se pomponner un peu. De plus, il était entendu que nous déjeunions ensemble... Non, je ne comprends pas... et j'espère qu'il ne lui est rien arrivé...

— Vous vous alarmez à tort, j'en suis sûr, dit le docteur Pauncefoot Jones d'un ton rassurant. Demain, je commencerai à creuser en H. D'après le plan, c'est là que nous avons les meilleures chances de trouver des choses intéressantes.

Richard restait soucieux.

— On l'a enlevée une fois, il est très possible qu'on ait recommencé!

— Bien improbable, mon petit! Le pays est calme, vous le savez comme moi.

— Si seulement je me rappelais le nom de ce type qui est dans les pétroles!... Deacon? Dakin?... C'est quelque chose comme ça...

— Le nom ne me dit rien... Je crois que je vais mettre Mustapha et son équipe sur la tranchée J. Ça nous permettra...

— Est-ce que ça vous contrarierait beaucoup, docteur, si j'allais à Bagdad demain?

Le docteur Pauncefoot Jones, assez surpris, se décida à accorder à son jeune collaborateur toute son attention.

— Demain? dit-il. Mais vous y êtes allé hier!

— Oui, mais je suis inquiet. Très inquiet.

— Vous m'aviez caché ça, mon cher Richard!

— *Ça!*

— Je ne savais pas que cette jeune personne vous était devenue chère!... C'est l'inconvénient, voyez-vous, d'avoir des femmes dans les expéditions... Surtout quand elles sont jolies!... Il y a deux ans, avec Sybil Muirfield, qui est laide comme les sept péchés capitaux, je croyais être tranquille. Vous savez ce qu'il en est advenu... J'aurais dû me méfier pourtant : à Londres, Claude m'avait fait remarquer qu'elle avait des jambes admirables... Ces Français ont l'œil!... Pour Victoria Venetia, c'est tout autre chose... Elle est très jolie et fort sympathique... Une charmante petite femme, vraiment, et je vous félicite, Richard, vous avez bon goût. C'est d'ailleurs, je dois le reconnaître, la première fois que je vous vois vous intéresser à une femme.

Richard avait rougi.

— Je ne suis nullement amoureux d'elle, mais je suis... inquiet. Il *faut* que j'aille à Bagdad.

— Eh bien! dit le docteur Pauncefoot Jones, vous irez demain. Vous profiterez de l'occasion pour nous rapporter ces pics et ces pelles que le chauffeur a oubliés hier...

Parti dès l'aube, Richard arriva à Bagdad vers le milieu de la matinée et se rendit directement au Tio Hotel. Victoria n'avait pas reparu.

— Avouez que c'est bizarre! lui dit Marcus. Nous devions dîner ensemble le soir et je lui avais fait préparer un de ces repas dont on se souvient.

— Vous avez prévenu la police?

— Non. Ça n'aurait pas plu à Miss Jones... et à moi encore moins!

Richard trouva sans difficulté la trace de Dakin. Il alla lui rendre visite à son bureau. Ses souvenirs ne l'avaient pas trompé. Ce Dakin, avec sa silhouette courbée, son air las et ses mains qui tremblaient un peu, était un homme fini, sur lequel il ne fallait pas compter. Richard s'excusa de lui faire perdre son temps et lui demanda s'il avait vu Miss Victoria Jones.

— Elle est venue me voir avant-hier, dit Dakin.

— Pouvez-vous me donner son adresse actuelle?

— Elle est au Tio Hotel, autant que je sache.

— Ses bagages y sont, mais elle n'y est pas.

Mr Dakin fronça le sourcil.

— Miss Jones, expliqua Richard, travaillait avec nous aux fouilles du Tell Asouad.

— Je comprends... Malheureusement, je ne puis vous donner aucun renseignement, n'en possédant aucun... Je crois qu'elle a des amis à Bagdad, mais je ne la connais pas suffisamment pour vous dire qui ils peuvent être.

— Elle ne serait pas au Rameau d'Olivier?

— Je ne pense pas. Vous pourriez demander...

Richard se leva.

— En tout cas, je peux vous dire une chose : je ne quitterai pas Bagdad avant de l'avoir retrouvée!

Il lança à Dakin un dernier regard, franchement hostile, puis il sortit avec dignité.

Il retourna au Tio Hotel, où il retrouva un Marcus de qui le sourire épanoui faisait plaisir à voir. Plein d'espoir, il demanda :

— Elle est revenue?

— Non, mais on vient de m'annoncer l'arrivée de Mrs Pauncefoot Jones. Elle est à l'aérodrome. Le docteur Pauncefoot Jones m'avait dit qu'elle n'arrivait que la semaine prochaine.

— Quand il retiendra une date qui n'appartient pas à l'histoire!... Pas de nouvelles de Victoria Jones?

Le visage de Marcus redevint grave.

— Rien... et ça m'ennuie! Une si gentille fille!... Jolie, gaie, charmante...

Richard poussa un soupir discret.

— Je crois, dit-il, que je vais attendre Mrs Pauncefoot Jones pour lui présenter mes devoirs...

Il ne pensait qu'à Victoria.

3

— Vous!

Le ton furieux en disait long sur les sentiments de Victoria qui, conduite à la chambre qu'elle devait occuper au Babylonian Palace, venait d'y trouver Catherine qui l'attendait.

— Mais oui, moi! répliqua Catherine sur le même ton. Couchez-vous! Le médecin va arriver.

Catherine, déguisée en infirmière, semblait prendre ses devoirs au sérieux et paraissait bien résolue à ne pas s'éloigner de Victoria, ne fût-ce qu'un instant.

Victoria se mit au lit.

— Si je tenais Edward, murmura-t-elle, si je le tenais!...

Catherine ricana :

— Edward!... Pauvre imbécile d'Anglaise!... Mais il se fiche pas mal de vous, Edward!... La femme qu'il aime, c'est moi!... *Moi*, vous comprenez?

Penchée sur le lit, elle ajouta :

— Je vous ai détestée dès le premier jour où je vous ai vue... Je vous hais!... Vous entendez? Je vous hais?

Victoria, qui cherchait une réplique qui vexerait son ennemie dit doucement :

— Possible!... Seulement, moi, je suis indispensable. Vous, vous ne l'êtes pas! Votre numéro d'infirmière, *n'importe qui* peut le faire! Tandis que le mien... Oui, Catherine, tout dépend de moi !

Catherine haussa les épaules.

— Personne n'est indispensable. Vous devriez le savoir!

— Je regrette, mais, *moi*, je le suis! Là-dessus, faites-moi monter un repas solide! La secrétaire d'un financier américain, ça mange bien!

— Soit! dit Catherine. Autant que vous mangiez pendant que vous le pouvez encore...

La phrase était lourde de menaces, mais Victoria ne le remarqua pas.

4

— Mlle Harden est ici? demanda le capitaine Crosbie.

L'employée de la réception du Babylonian Palace inclina lentement la tête et répondit, d'une voix suave :

— Oui, monsieur. Elle vient d'arriver d'Angleterre.

— C'est une amie de ma sœur. Voudriez-vous lui faire passer ma carte?

Crosbie griffonna quelques mots sur une carte de visite,

qu'il glissa dans une enveloppe. Bientôt, le chasseur auquel il avait confié son message reparaissait.

— Mlle Harden ne peut recevoir monsieur. Elle a très mal à la gorge et elle est alitée. Elle attend le médecin. Il y a une infirmière avec elle.

Crosbie se retira et se rendit au Tio. Marcus, tout de suite, s'empara de lui.

— Venez boire quelque chose, mon cher ami! L'hôtel est bondé... A cause de la conférence. Il ne me reste plus une chambre... et j'ai eu toutes les peines du monde à en trouver une pour Mrs Pauncefoot Jones... Elle n'est pas contente, d'ailleurs... Elle avait annoncé son arrivée à son mari, elle pensait qu'il serait venu à sa rencontre... et il n'est pas là! C'est un homme charmant, mais il se perd dans les dates... En fin de compte, pour loger Mrs Pauncefoot Jones, j'ai dû mettre dehors, avec ménagements, un très important fonctionnaire de l'O. N. U...

— On a l'impression que Bagdad est pris de folie!

— C'est vrai! Il paraît qu'on a découvert un complot contre le président des Etats-Unis... On aurait arrêté soixante-cinq étudiants... Vous avez vu les policiers russes? Ils sont magnifiques... Ils ont l'air de ne faire confiance à personne... Mais tout ça est excellent pour le commerce... Excellent... On le prend, ce verre?

5

Le téléphone sonna. L'attaché décrocha le récepteur.

— Ici, l'ambassade des Etats-Unis.

— Ici, le Babylonian Palace Hotel. Miss Anna Scheele est ici.

— Miss Anna Scheele? Lui serait-il possible de venir à l'appareil?

— Miss Scheele souffre d'une laryngite aiguë et elle est alitée. Je suis le docteur Smalbrook, son médecin traitant. Elle a avec elle certains documents importants qu'elle désirerait remettre à un représentant qualifié de l'ambassade. Elle souhaiterait qu'on vînt les chercher... Tout de suite? Parfait. e vous r emercie et je vous attends.

6

Victoria, la taille bien prise dans un tailleur de bonne coupe, s'admirait dans la glace. Bien coiffés, ses cheveux blonds étaient acceptables. Elle se sentait nerveuse, mais elle était contente. Elle se retourna brusquement. Catherine la regardait, les yeux brillants de joie.

— Pourquoi avez-vous l'air radieux? demanda Victoria, surprise et inquiète.

— Vous le saurez bientôt!

La voix chargée de mépris, Catherine ajouta :

— Vous vous croyez bien forte, hein? Vous vous figurez que tout dépend de vous!... Ce que vous pouvez être bête!

Victoria courut à elle et la saisit par les épaules, lui enfonçant ses ongles dans la chair.

— Ça, ma petite, vous allez m'expliquer ce que ça veut dire!

— *Ach!* Vous me faites mal! Lâchez-moi!

— Vous parlerez!

On frappa à la porte. Deux coups d'abord, puis, détaché, un troisième.

— Vous allez être renseignée! dit Catherine.

La porte s'ouvrit et un homme entra. Il était de haute taille et portait l'uniforme de la Police internationale. Il ferma la porte à clé et mit la clé dans sa poche.

— Maintenant, dit-il à Catherine, faisons vite!

Deux minutes plus tard, Catherine, qui s'était prêtée à l'opération de la meilleure grâce du monde, était solidement ligotée sur une chaise, à l'aide d'un fin et solide cordonnet. Il la bâillonna ensuite avec une écharpe, puis, reculant de deux pas pour juger de l'effet, il dit :

— Rien à reprendre! C'est très bien comme ça!

Il se tourna alors vers Victoria, qui s'aperçut avec effroi qu'il tenait à la main une énorme matraque. En un éclair, elle comprit. Jamais il n'avait été question de lui faire jouer le rôle d'Anna Scheele à la conférence même! Le risque eût été trop grand, Victoria était bien trop connue à Bagdad! On avait trouvé mieux. Anna Scheele serait tuée au dernier moment, et dans des conditions horribles. Son visage défiguré ne serait pas reconnaissable... On ne trouverait dans la chambre d'Anna Scheele qu'un cadavre et les papiers qu'elle était censée avoir apportés avec elle, les faux soigneusement fabriqués par les associés d'Edward...

Un sourire cruel aux lèvres, l'homme marchait sur elle. Victoria courut vers la fenêtre en hurlant.

Il y eut un bruit de verre brisé, elle eut l'impression qu'un coup terrible la renversait, elle vit un ciel illuminé d'étoiles innombrables, puis elle perdit connaissance.

Quand elle revint à une demi-conscience, elle entendit une voix qui disait :

— Ça va mieux?

Elle marmonna une réponse indistincte.

— Qu'est-ce qu'elle a dit? demanda une autre voix.

L'homme qui avait parlé le premier se gratta l'occiput.

— Je n'en suis pas sûr, mais il me semble qu'elle a dit : « Mieux vaut servir au Paradis que régner en Enfer! »

— C'est une citation, dit l'autre, mais elle la fait de travers

— Pas du tout! souffla Victoria.

Et elle s'évanouit de nouveau.

7

Dakin décrocha le récepteur du téléphone.

— J'écoute.

— Opération Victoria terminée. Réussite complète.

— Bien.

— Nous tenons le toubib et Catherine Serakis. L'autre type a sauté par la fenêtre. Il n'en réchappera pas.

— La petite n'est pas blessée?

— Elle a tourné de l'œil, mais c'est tout.

— Toujours pas de nouvelles de la véritable A. S.?

— Toujours rien.

Dakin remit le récepteur sur son socle.

Victoria était sauve. C'était quelque chose. Quant à Anna Scheele, elle devait être morte. Elle avait insisté pour qu'on ne s'occupât pas d'elle, assurant qu'elle serait sans faute à Bagdad le 19. On était le 19 et Anna Scheele n'était pas là. Dakin convenait qu'elle n'avait peut-être pas eu tort de se méfier des organismes officiels, qui ne savent pas toujours garder les secrets, mais peut-être aussi avait-elle péché par excès de confiance en soi...

Et, sans Anna Scheele, la démonstration restait incomplète.

Un petit messager arabe entra dans le bureau. Il apporta à Dakin une fiche sur laquelle deux noms étaient écrits : Mr Richard Baker et Mrs Pauncefoot Jones.

— Je ne peux recevoir personne, dit Dakin. Explique-leur que je suis désolé, mais que je suis pris.

Le petit Arabe revint bientôt porteur cette fois d'une enveloppe, qui contenait un billet de quelques mots : « *Je désirerais vous parler de Carmichaël. R. B.* »

— Fais entrer! dit Dakin.

Il fit asseoir ses visiteurs et Richard Baker alla tout de suite au fait.

— Je ne veux pas vous faire perdre votre temps, dit-il, mais il se trouve que j'ai été en classe avec un certain Henry Carmichaël. Nous nous sommes perdus de vue pendant des années et nous nous sommes revus, il y a quelques semaines, à Bassorah, dans l'antichambre du consulat britannique. Il était habillé comme un Arabe et, sans laisser voir aux gens qui étaient là qu'il me connaissait, il s'est arrangé pour communiquer avec moi. Est-ce que ça vous intéresse?

— Enormément, déclara Dakin.

— J'ai compris que Carmichaël se croyait en danger. Je ne me trompais pas. Quelques minutes plus tard, un homme essayait de tirer sur lui. Je désarmai l'individu, tandis que Carmichaël se sauvait précipitamment. Je m'aperçus plus tard qu'en passant près de moi il avait glissé dans ma poche un papier crasseux, un *chit* délivré à un certain Ahmed Mohammed. Ce certificat ne paraissait présenter que peu d'intérêt, mais je décidai d'agir comme s'il était, pour Carmichaël, de la plus haute importance. Comme il ne m'avait donné aucune instruction, je le conservai précieusement, pensant qu'un jour il me le réclamerait. J'ai appris récemment, par Victoria Jones, que Carmichaël était mort. D'autres propos de Victoria Jones m'ont amené à conclure que, si ce papier doit être remis à quelqu'un, c'est à vous. Le voici!

Richard Baker se leva, posa le document sur le bureau de Dakin et demanda :

— Est-ce que, pour vous, ce papier représente quelque chose?

Dakin soupira.

— Oui. Beaucoup plus, sans doute, que vous n'imaginez...

A son tour, il se leva.

— Je vous suis profondément reconnaissant, Baker, et je vous prierai de bien vouloir me pardonner si j'abrège cet entretien. Mais il est un certain nombre de choses dont je dois m'occuper maintenant, sans perdre une minute...

Serrant la main de Mrs Pauncefoot Jones, il ajouta :

— Vous allez naturellement rejoindre votre mari aux fouilles? J'espère que vous exhumerez des merveilles.

— C'est vraiment une chance, dit Richard, que Pauncefoot Jones ne soit pas venu avec moi à Bagdad aujourd'hui... L'excellent homme ne remarque pas grand-chose de ce qu'il se passe autour de lui, mais il se serait probablement aperçu qu'il existe certaines différences entre sa femme et la sœur de sa femme.

Dakin, surpris, se tourna vers Mrs Pauncefoot Jones. D'une voix douce, au timbre harmonieux, elle dit :

— Ma sœur Elsie est encore en Angleterre. Je me suis teint les cheveux et je suis venue avec son passeport. Quand elle était jeune fille, ma sœur s'appelait Elsie Scheele. Quant à moi, monsieur Dakin, *je suis Anna Scheele!*

CHAPITRE XXIV

Bagdad avait changé de visage. Jamais on n'avait rencontré dans les rues autant de policiers. Appartenant à la police internationale, à la police américaine, à la police soviétique, à d'autres polices encore.

Des bruits pessimistes avaient circulé. Aucun des « Grands » ne viendrait. De fait, par deux fois un avion russe, dûment escorté, s'était posé sur l'aérodrome, n'amenant que de vagues sous-ordres, de qui la présence demeurait sans signification. Finalement, les choses avaient évolué à la confusion des sceptiques : les deux présidents, celui des U. S. A. et celui de l'U. R. S. S. étaient au Palais de la Régence.

Heures historiques, qui allaient décider des destins du monde...

Elles commencèrent fort simplement dans un petit salon où se trouvaient réunies des personnalités dont les noms étaient pratiquement ignorés du grand public.

Le docteur Alan Breck, du Harwell Atomic Institute, ouvrit les débats, avec un exposé très documenté, présenté de façon sobre et concise. Le regretté sir Rupert Crofton Lee lui avait confié, aux fins d'expertise, des spécimens de minerais, par lui rapportés de ses voyages en Chine, dans le Turkestan, au Kourdistan et en Irak. Tous étaient fort riches en uranium. Il était malheureusement impossible de dire leur provenance exacte, les notes de sir Rupert ayant été détruites pendant la guerre, au cours des bombardements ennemis.

Mr Dakin parla ensuite. De sa voix lasse, il conta toute l'histoire de Carmichaël, l'homme qui, ayant entendu parler d'immenses usines équipées dans des vallées lointaines, au-delà des frontières de la civilisation, s'était mis en tête d'aller contrôler sur place ce qu'il pouvait y avoir de vrai dans les rumeurs qui lui étaient parvenues. Son enquête lui prouva qu'elles étaient fondées. Dakin dit ensuite pourquoi sir Rupert avait consenti à venir à Bagdad, à seule fin d'y confirmer les dires de Carmichaël, et comment il fut assassiné, précédant de peu Carmichaël dans la mort.

— Sir Rupert n'est plus, ajouta Dakin, Carmichaël n'est plus, mais quelqu'un reste que je vous demanderai de bien vouloir entendre : Miss Anna Scheele.

Aussi calme que si elle s'était trouvée dans le bureau de Mr Morganthal, Anna Scheele prit la parole. Elle donna des noms et des chiffres. Servie par son extraordinaire mémoire et par une documentation infaillible, elle montra comment un organisme occulte, aux ramifications innombrables, avait, dans tous les pays du globe, drainé des sommes d'argent considérables pour financer une monstrueuse entreprise qui n'avait d'autre objet que de diviser le monde en deux blocs ennemis, dressés l'un contre l'autre. Il ne s'agissait pas là d'une hypothèse. Anna Scheele apportait des faits.

Quand elle eut terminé, Dakin parla de nouveau.

— Carmichaël est mort, dit-il, mais de sa périlleuse expédition il était revenu avec *des preuves*. Incontestables, si décisives qu'il n'avait pas osé les garder sur lui, parce qu'il entendait qu'elles fussent éventuellement soustraites à ses ennemis, dont il savait qu'ils le serraient de près. Par bonheur, il comptait de nombreux amis dans tout l'Orient et il lui fut possible, par l'intermédiaire de deux d'entre eux, de faire tenir ses précieux documents à un autre de ses amis, un homme entre tous révéré et respecté en Irak, un homme qui a bien voulu nous faire l'honneur d'assister à la réunion d'aujourd'hui, j'ai nommé le cheik Hussein el Ziyara, de Kerbela.

Ainsi que Dakin venait de le dire, le cheik Hussein el Ziyara était connu dans tout le monde musulman, non pas seulement comme un chef et un poète, mais aussi comme un saint homme, voire comme un saint. Il se leva. De haute stature, la barbe teinte au henné, il portait une robe brune enrichie de broderies d'or d'une extraordinaire finesse.

— Henry Carmichaël était mon ami, dit-il d'une voix aux sonorités graves et profondes. Il était encore un enfant quand je l'ai connu et j'ai eu la joie de lui faire découvrir nos grands poètes. Deux hommes sont venus me trouver à Kerbela, deux hommes qui circulent dans le pays avec une sorte de cinéma ambulant, des gens simples, mais de bons serviteurs du Prophète. Ils m'apportaient un paquet, de la part de mon ami anglais Henry Carmichaël. Il me priait, me dirent-ils, de le conserver, sans en souffler mot à personne, pour le lui remettre plus tard, à lui ou à son mandataire, qui serait celui qui me répéterait certaines paroles. Si vous êtes celui-là, parlez mon fils!

— Sayyid, dit Dakin, le poète arabe, qui vivait il y a tout juste un millier d'années, a écrit en l'honneur du prince Sayfou 'l-Douala, d'Alep, une ode dans laquelle on trouve ces mots : « *Zid hashshi bashshi tafaddal adni surra sili.* »

Souriant, le cheik Hussein el Ziyara tendit à Dakin un petit paquet.

— Je dirai donc comme le prince Sayfou 'l-Douala : « Que tes vœux soient exaucés! »

— Messieurs, déclara Dakin, voici les microfilms rapportés par Carmichaël à l'appui de ses dires...

Un homme encore parla, un vieillard qui avait été autrefois un savant respecté et admiré.

— Messieurs, dit-il d'une voix douloureuse et comme brisée, je serai demain inculpé d'escroquerie et justement jeté en prison. Qu'il me soit permis, pourtant, de vous adjurer de tout mettre en œuvre pour éloigner du monde la menace trop réelle que font peser sur lui de jeunes fous, dévorés d'ambition, de qui l'âme est plus noire encore que vous ne pouvez supposer!

Levant la tête, digne malgré tout, Rathbone poursuivit :

— J'ai détourné à mon seul profit de grosses sommes d'argent, mais, Dieu merci! j'ai fini par croire à l'évangile que je prêchais. Je ne saurais certes recommander les méthodes dont j'ai usé, mais mon idéal reste. Je vous en conjure, messieurs, unissons nos forces et, tous ensemble, construisons la paix!

Le vieil homme se rassit. Il y eut un moment de silence, puis la voix impersonnelle d'un haut fonctionnaire s'éleva :

— Il sera, disait-elle, rendu compte au président des États-Unis d'Amérique et au président du gouvernement de l'Union des Républiques Socialistes Soviétiques des faits exposés au cours de la présente réunion. Les documents...

CHAPITRE XXV

— Ce dont je ne me consolerai jamais, dit Victoria, c'est que cette malheureuse Danoise ait été assassinée à Damas!

— Rassurez-vous! lui répondit Dakin avec un bon sourire, cette malheureuse Danoise, comme vous dites, se porte à merveille. Votre avion parti, nous avons arrêté la Française et transporté Grete Harden à l'hôpital. Elle s'est très vite rétablie. Ses jours n'auraient été en danger qu'une fois tout terminé à Bagdad. Jusque-là, on se serait contenté de la tenir sous l'influence de quelque somnifère. Inutile d'ajouter, j'imagine, qu'elle appartenait à nos services?

— Vraiment?

— Bien sûr! Anna Scheele disparue, nous nous sommes dit qu'il ne serait pas mauvais d'offrir à nos adversaires de quoi se distraire. Nous avons donc loué une place dans l'avion pour une certaine Grete Harden, à laquelle nous avons pris grand soin de ne prêter aucune consistance. Nous ne l'avions pourvue ni d'une famille, ni d'un passé. *Ils* ont donné dans le panneau... et leur conclusion a été celle que nous espérions :

pour eux, Grete Harden ne pouvait être qu'Anna Scheele. Elle avait d'ailleurs, dans ses bagages, juste assez de papiers truqués pour confirmer nos ennemis dans leur conviction.

— Et, pendant ce temps-là, la véritable Anna Scheele attendait tranquillement, dans une clinique de Londres, que le moment soit venu pour Mrs Pauncefoot Jones de se mettre en route pour rejoindre son mari?

— Exactement. Simple et pratique, n'est-ce pas? La famille dans les passes difficiles, c'est encore ce qu'il y a de plus sûr. Anna Scheele, qui est remarquablement fine, a su s'en souvenir.

— Pour moi, reprit Victoria, il y a eu un moment où j'ai bien cru que je laisserais ma peau dans l'aventure. C'est vrai que vos agents ne m'ont jamais perdue de vue?

— Absolument vrai. Votre cher ami Edward, voyez-vous, n'était pas tout à fait aussi fort qu'il se figurait. Nous avions eu l'occasion de nous occuper de ses activités alors qu'il était encore en Angleterre et, quand vous m'avez raconté votre histoire, la nuit où Carmichaël a été tué, j'ai été franchement inquiet à votre sujet. Je ne savais que faire de vous et je n'ai rien trouvé de mieux que de vous mettre carrément dans le coup. Edward vous sachant en rapport avec moi, vous ne risquiez plus d'être brutalement supprimée. A ses yeux, vous deveniez précieuse. Doublement précieuse, puisque vous le renseigneriez sur ce que nous faisions et que, par votre entremise, il aurait la possibilité de nous faire tenir des informations susceptibles de nous égarer. Il a vu les choses autrement, bien entendu, à partir du moment où vous avez découvert qu'un de ses complices avait pris la place de sir Rupert. Il a alors décidé de vous retirer de la circulation, tout en vous gardant sous la main pour jouer, si nécessaire, le rôle d'Anna Scheele. Et, tout bien considéré, Victoria, vous avez bien de la chance d'être ici en ce moment!

— Je le sais.

Elle croqua une pistache.

— Edward, demanda-t-il, vous le regrettez? Elle sourit.

— Pas du tout! J'ai été idiote, simplement... Il m'a fait du charme, parce que je pouvais lui être utile, je me suis toquée de lui, comme une gamine, mon imagination a travaillé... et, en fin de compte, j'ai été ridicule!

— Vous vous jugez trop sévèrement. Edward plaisait aux femmes...

— Je ne dis pas le contraire, mais à l'avenir je me méfierai. La prochaine fois que je serai amoureuse, ce ne sera pas d'un beau parleur, mais d'un homme... Je ne lui demanderai pas d'être beau et il pourra être un peu chauve et porter les lorgnons, ça me sera égal! Qu'il soit intéressant et qu'il ait des choses intéressantes à dire, et ça me suffira!

— Quel âge devra-t-il avoir? Trente-cinq ans ou cinquante-cinq?

Victoria répondit sans hésiter :

— Trente-cinq!

— Vous me rassurez, dit Dakin. Je me demandais si ce n'était pas à moi que vous songiez!

Victoria éclata de rire.

— Je sais, reprit-elle, qu'il ne faut pas poser de questions, mais... quand même, j'aimerais bien savoir s'il y avait vraiment un message dans le tricot de Carmichaël.

— Il y avait un nom, répondit Dakin. Le tricot et le *chit* se complétaient. Le premier nous a donné le nom du cheik el Ziyara, le second, traité aux vapeurs d'iode, nous a révélé les mots qu'il fallait prononcer devant lui pour qu'il consentît à nous remettre le dépôt qui lui avait été confié et qui ne pouvait être mieux caché que dans la ville sainte de Kerbeta.

— Et ce sont ces deux montreurs de cinéma, si l'on peut appeler ça un cinéma, qui l'avaient apporté au cheik?

— Mais oui! De braves gens, que tout le monde connaît et qui ne savent même pas ce que c'est que la politique. De braves gens... et des amis de Carmichaël. Il avait beaucoup d'amis.

— Il devait être de ceux qui savent se faire aimer. Je ne l'ai pas connu, mais sa mort me fait de la peine.

— Nous devons tous mourir un jour, dit Dakin. Et s'il y a une autre vie après celle-ci, ce dont pour ma part je ne doute pas, Carmichaël, j'en suis sûr, ne regrette rien : il sait qu'il a fait plus que le meilleur d'entre nous pour épargner au monde les horreurs et les ruines d'une nouvelle guerre mondiale.

— Vous ne trouvez pas, dit Victoria après un moment de silence, qu'il est assez curieux que, Richard et moi, nous ayons détenu chacun la moitié du secret. On dirait presque que...

Souriant des yeux, Dakin acheva pour elle :

— Que c'était voulu?...

Changeant de ton, il ajouta :

— Et maintenant, qu'est-ce que vous allez faire, si ce n'est pas indiscret de vous le demander?

— Je vais chercher du travail, répondit Victoria. Il faut même que je m'en occupe sans trop attendre!

Dakin se leva.

— Ne vous tracassez pas trop! J'ai idée qu'on vous en apporte...

Il s'éloigna, laissant la place à Richard Baker, qui s'arrêta près de Victoria.

— Dites-moi, Victoria...

Il s'éclaircit la gorge et reprit :

— Nous venons d'apprendre qu'en définitive Venetia Savile ne vient pas. Il paraît qu'elle a les oreillons. Alors, étant donné qu'aux fouilles vous nous avez été très utile, est-ce que ça vous plairait d'y retourner? Au pair, j'en ai peur... Avec, peut-être, votre voyage de retour... On verrait ça plus tard...

Mrs Pauncefoot Jones arrive la semaine prochaine... Qu'en pensez-vous?

— Vous *voulez* vraiment de moi?

Sans raison apparente, Richard Baker rougit brusquement. Il toussota et retira ses verres.

— Je crois, dit-il, que... vous nous rendriez un grand service en acceptant.

— Mais j'accepte, bien sûr! Avec joie!

— Alors, il ne vous reste qu'à faire vos valises. Nous partirons quand vous les aurez terminées. Vous ne tenez pas à rester à Bagdad?

Oh! pas le moins du monde

— Alors, ma chère Veronica, vous voici de retour? dit le docteur Pauncefoot Jones. Après votre départ, Richard était dans tout ses états... Enfin! Tout est bien qui finit bien. J'espère que vous serez très heureux, tous les deux!

Stupéfaite, Victoria attendit que le savant se fût éloigné, puis se tournant vers Richard, elle demanda :

— Qu'est-ce qu'il a voulu dire?

— Rien, répondit Richard. Vous le connaissez... Aujourd'hui, il anticipe un peu... voilà tout!

FIN

TABLE DES MATIÈRES

IMPRIMÉ EN FRANCE PAR BRODARD ET TAUPIN
7, bd Romain-Rolland - Montrouge - Usine de La Flèche.
LIBRAIRIE GÉNÉRALE FRANÇAISE - 14, rue de l'Ancienne-Comédie - Paris.
ISBN : 2 - 253 - 03232 - 8

30/5785/8